INGLÊS

VOCABULÁRIO

PORTUGUÊS BRASILEIRO

PORTUGUÊS
INGLÊS AMERICANO

Para alargar o seu léxico e apurar
as suas competências linguísticas

7000 palavras

Vocabulário Português Brasileiro-Inglês americano - 7000 palavras

Por Andrey Taranov

Os vocabulários da T&P Books destinam-se a ajudar a aprender, a memorizar, e a rever palavras estrangeiras. O dicionário é dividido em temas, cobrindo todas as principais esferas de atividades quotidianas, negócios, ciência, cultura, etc.

O processo de aprendizagem, utilizando os dicionários baseados em temáticas da T&P Books dá-lhe as seguintes vantagens:

- Informação de origem corretamente agrupada predetermina o sucesso em fases subsequentes da memorização de palavras
- Disponibilização de palavras derivadas da mesma raiz, o que permite a memorização de unidades de texto (em vez de palavras separadas)
- Pequenas unidades de palavras facilitam o processo de estabelecimento de vínculos associativos necessários para a consolidação do vocabulário
- O nível de conhecimento da língua pode ser estimado pelo número de palavras aprendidas

Copyright © 2019 T&P Books Publishing

Todos os direitos reservados. Nenhuma parte desta publicação pode ser reproduzida, total ou parcialmente, por quaisquer métodos ou processos, sejam eles eletrônicos, mecânicos, de fotocópia ou outros, sem a autorização escrita do editor. Esta publicação não pode ser divulgada, copiada ou distribuída em nenhum formato.

T&P Books Publishing
www.tpbooks.com

ISBN: 978-1-78767-312-0

Este livro também está disponível em formato E-book.
Por favor visite www.tpbooks.com ou as principais livrarias on-line.

VOCABULÁRIO INGLÊS AMERICANO
palavras mais úteis

Os vocabulários da T&P Books destinam-se a ajudar a aprender, a memorizar, e a rever palavras estrangeiras. O vocabulário contém mais de 7000 palavras de uso comum organizadas tematicamente.

O vocabulário contém as palavras mais comummente usadas
Recomendado como adicional para qualquer curso de línguas
Satisfaz as necessidades dos iniciados e dos alunos avançados de línguas estrangeiras
Conveniente para o uso diário, sessões de revisão e atividades de auto-teste
Permite avaliar o seu vocabulário

Características especias do vocabulário

- As palavras estão organizadas de acordo com o seu significado, e não por ordem alfabética
- As palavras são apresentadas em três colunas para facilitar os processos de revisão e auto-teste
- As palavras compostas são divididas em pequenos blocos para facilitar o processo de aprendizagem
- O vocabulário oferece uma transcrição simples e adequada de cada palavra estrangeira

O vocabulário contém 198 tópicos incluindo:

Conceitos básicos, Números, Cores, Meses, Estações do ano, Unidades de medida, Roupas & Acessórios, Alimentos & Nutrição, Restaurante, Membros da Família, Parentes, Caráter, Sentimentos, Emoções, Doenças, Cidade, Passeios, Compras, Dinheiro, Casa, Lar, Escritório, Trabalho no Escritório, Importação & Exportação, Marketing, Pesquisa de Emprego, Esportes, Educação, Computador, Internet, Ferramentas, Natureza, Países, Nacionalidades e muito mais ...

TABELA DE CONTEÚDOS

GUIA DE PRONUNCIAÇÃO

Letra	Exemplo Inglês americano	Alfabeto fonético T&P	Exemplo Português
a	age	[eɪ]	seis
a	bag	[æ]	semana
a	car	[ɑ:]	rapaz
a	care	[eə]	fêmea
e	meat	[i:]	cair
e	pen	[e]	metal
e	verb	[ɜ]	minhoca
e	here	[ɪə]	variedade
i	life	[aj]	baixar
i	sick	[ɪ]	sinônimo
i	girl	[ø]	orgulhoso
i	fire	[ajə]	flyer
o	rose	[əʊ]	réu
o	shop	[ɒ]	chamar
o	sport	[ɔ:]	emboço
o	ore	[ɔ:]	emboço
u	to include	[u:]	blusa
u	sun	[ʌ]	fax
u	church	[ɜ]	minhoca
u	pure	[ʊə]	adoecer
y	to cry	[aj]	baixar
y	system	[ɪ]	sinônimo
y	Lyre	[ajə]	flyer
y	party	[ɪ]	sinônimo

Consoantes

b	bar	[b]	barril
c	city	[s]	sanita
c	clay	[k]	aquilo
d	day	[d]	dentista
f	face	[f]	safári
g	geography	[dʒ]	adjetivo
g	glue	[g]	gosto
h	home	[h]	[h] aspirada
j	joke	[dʒ]	adjetivo
k	king	[k]	aquilo

Letra	Exemplo Inglês americano	Alfabeto fonético T&P	Exemplo Português
l	love	[l]	libra
m	milk	[m]	magnólia
n	nose	[n]	natureza
p	pencil	[p]	presente
q	queen	[k]	aquilo
r	rose	[r]	riscar
s	sleep	[s]	sanita
s	please	[z]	sésamo
s	pleasure	[ʒ]	talvez
t	table	[t]	tulipa
v	velvet	[v]	fava
w	winter	[w]	página web
x	ox	[ks]	perplexo
x	exam	[gz]	Yangtzé
z	azure	[ʒ]	talvez
z	zebra	[z]	sésamo

Combinações de letras

ch	China	[ʧ]	Tchau!
ch	chemistry	[k]	aquilo
ch	machine	[ʃ]	mês
sh	ship	[ʃ]	mês
th	weather	[ð]	[z] - fricativa dental sonora não-sibilante
th	tooth	[θ]	[s] - fricativa dental surda não-sibilante
ph	telephone	[f]	safári
ck	black	[k]	aquilo
ng	ring	[ŋ]	alcançar
ng	English	[ŋ]	alcançar
wh	white	[w]	página web
wh	whole	[h]	[h] aspirada
wr	wrong	[r]	riscar
gh	enough	[f]	safári
gh	sign	[n]	natureza
kn	knife	[n]	natureza
qu	question	[kv]	aquário
tch	catch	[ʧ]	Tchau!
oo+k	book	[ʊ]	bonita
oo+r	door	[ɔ:]	emboço
ee	tree	[i:]	cair
ou	house	[aʊ]	produção
ou+r	our	[aʊə]	similar - Espanhol 'cacahuete'
ay	today	[eɪ]	seis
ey	they	[eɪ]	seis

ABREVIATURAS
usadas no vocabulário

Abreviaturas do Português

adj	-	adjetivo
adv	-	advérbio
anim.	-	animado
conj.	-	conjunção
desp.	-	esporte
etc.	-	Etcetera
ex.	-	por exemplo
f	-	nome feminino
f pl	-	feminino plural
fem.	-	feminino
inanim.	-	inanimado
m	-	nome masculino
m pl	-	masculino plural
m, f	-	masculino, feminino
masc.	-	masculino
mat.	-	matemática
mil.	-	militar
pl	-	plural
prep.	-	preposição
pron.	-	pronome
sb.	-	sobre
sing.	-	singular
v aux	-	verbo auxiliar
vi	-	verbo intransitivo
vi, vt	-	verbo intransitivo, transitivo
vr	-	verbo reflexivo
vt	-	verbo transitivo

Abreviaturas do Inglês americano

v aux	-	verbo auxiliar
vi	-	verbo intransitivo
vi, vt	-	verbo intransitivo, transitivo
vt	-	verbo transitivo

CONCEITOS BÁSICOS

Conceitos básicos. Parte 1

1. Pronomes

eu	**I, me**	[aɪ], [miː]
você	**you**	[juː]
ele	**he**	[hiː]
ela	**she**	[ʃiː]
ele, ela (neutro)	**it**	[ɪt]
nós	**we**	[wiː]
vocês	**you**	[juː]
eles, elas	**they**	[ðeɪ]

2. Cumprimentos. Saudações. Despedidas

Oi!	**Hello!**	[həˈləʊ]
Olá!	**Hello!**	[həˈləʊ]
Bom dia!	**Good morning!**	[gʊd ˈmɔːnɪŋ]
Boa tarde!	**Good afternoon!**	[gʊd ˌɑːftəˈnuːn]
Boa noite!	**Good evening!**	[gʊd ˈiːvnɪŋ]
cumprimentar (vt)	**to say hello**	[tə seɪ həˈləʊ]
Oi!	**Hi!**	[haɪ]
saudação (f)	**greeting**	[ˈgriːtɪŋ]
saudar (vt)	**to greet** (vt)	[tə griːt]
Tudo bem?	**How are you?**	[ˌhaʊ ə ˈjuː]
E aí, novidades?	**What's new?**	[ˌwɒts ˈnjuː]
Tchau! Até logo!	**Bye-Bye! Goodbye!**	[baɪ-baɪ], [gʊdˈbaɪ]
Até breve!	**See you soon!**	[ˈsiː ju ˌsuːn]
Adeus!	**Goodbye!**	[gʊdˈbaɪ]
despedir-se (dizer adeus)	**to say goodbye**	[tə seɪ gʊdˈbaɪ]
Até mais!	**So long!**	[ˌsəʊ ˈlɒŋ]
Obrigado! -a!	**Thank you!**	[ˈθæŋk juː]
Muito obrigado! -a!	**Thank you very much!**	[ˈθæŋk ju ˈverɪ mʌtʃ]
De nada	**You're welcome.**	[jʊə ˈwelkəm]
Não tem de quê	**Don't mention it!**	[ˌdəʊnt ˈmenʃən ɪt]
Desculpa! -pe!	**Excuse me!**	[ɪkˈskjuːz miː]
desculpar (vt)	**to excuse** (vt)	[tə ɪkˈskjuːz]
desculpar-se (vr)	**to apologize** (vi)	[tə əˈpɒlədʒaɪz]
Me desculpe	**My apologies.**	[maɪ əˈpɒlədʒɪz]

Desculpe!	**I'm sorry!**	[aɪm 'sɒrɪ]
Não faz mal	**It's okay!**	[ɪts ˌəʊ'keɪ]
por favor	**please**	[pli:z]

Não se esqueça!	**Don't forget!**	[ˌdəʊnt fə'get]
Com certeza!	**Certainly!**	['sɜːtənlɪ]
Claro que não!	**Of course not!**	[əv ˌkɔ:s 'nɒt]
Está bem! De acordo!	**Okay!**	[ˌəʊ'keɪ]
Chega!	**That's enough!**	[ðæts ɪ'nʌf]

3. Números cardinais. Parte 1

zero	**zero**	['zɪərəʊ]
um	**one**	[wʌn]
dois	**two**	[tu:]
três	**three**	[θri:]
quatro	**four**	[fɔ:(r)]

cinco	**five**	[faɪv]
seis	**six**	[sɪks]
sete	**seven**	['sevən]
oito	**eight**	[eɪt]
nove	**nine**	[naɪn]

dez	**ten**	[ten]
onze	**eleven**	[ɪ'levən]
doze	**twelve**	[twelv]
treze	**thirteen**	[ˌθɜ:'ti:n]
catorze	**fourteen**	[ˌfɔ:'ti:n]

quinze	**fifteen**	[fɪf'ti:n]
dezesseis	**sixteen**	[sɪks'ti:n]
dezessete	**seventeen**	[ˌsevən'ti:n]
dezoito	**eighteen**	[ˌeɪ'ti:n]
dezenove	**nineteen**	[ˌnaɪn'ti:n]

vinte	**twenty**	['twentɪ]
vinte e um	**twenty-one**	['twentɪ ˌwʌn]
vinte e dois	**twenty-two**	['twentɪ ˌtu:]
vinte e três	**twenty-three**	['twentɪ ˌθri:]

trinta	**thirty**	['θɜ:tɪ]
trinta e um	**thirty-one**	['θɜ:tɪ ˌwʌn]
trinta e dois	**thirty-two**	['θɜ:tɪ ˌtu:]
trinta e três	**thirty-three**	['θɜ:tɪ ˌθri:]

quarenta	**forty**	['fɔ:tɪ]
quarenta e um	**forty-one**	['fɔ:tɪˌwʌn]
quarenta e dois	**forty-two**	['fɔ:tɪˌtu:]
quarenta e três	**forty-three**	['fɔ:tɪˌθri:]

cinquenta	**fifty**	['fɪftɪ]
cinquenta e um	**fifty-one**	['fɪftɪ ˌwʌn]
cinquenta e dois	**fifty-two**	['fɪftɪ ˌtu:]

cinquenta e três	fifty-three	['fɪftɪ ˌθri:]
sessenta	sixty	['sɪkstɪ]
sessenta e um	sixty-one	['sɪkstɪ ˌwʌn]
sessenta e dois	sixty-two	['sɪkstɪ ˌtu:]
sessenta e três	sixty-three	['sɪkstɪ ˌθri:]
setenta	seventy	['sevəntɪ]
setenta e um	seventy-one	['sevəntɪ ˌwʌn]
setenta e dois	seventy-two	['sevəntɪ ˌtu:]
setenta e três	seventy-three	['sevəntɪ ˌθri:]
oitenta	eighty	['eɪtɪ]
oitenta e um	eighty-one	['eɪtɪ ˌwʌn]
oitenta e dois	eighty-two	['eɪtɪ ˌtu:]
oitenta e três	eighty-three	['eɪtɪ ˌθri:]
noventa	ninety	['naɪntɪ]
noventa e um	ninety-one	['naɪntɪ ˌwʌn]
noventa e dois	ninety-two	['naɪntɪ ˌtu:]
noventa e três	ninety-three	['naɪntɪ ˌθri:]

4. Números cardinais. Parte 2

cem	one hundred	[ˌwʌn 'hʌndrəd]
duzentos	two hundred	[tu 'hʌndrəd]
trezentos	three hundred	[θri: 'hʌndrəd]
quatrocentos	four hundred	[ˌfɔ: 'hʌndrəd]
quinhentos	five hundred	[ˌfaɪv 'hʌndrəd]
seiscentos	six hundred	[sɪks 'hʌndrəd]
setecentos	seven hundred	['seven 'hʌndrəd]
oitocentos	eight hundred	[eɪt 'hʌndrəd]
novecentos	nine hundred	[ˌnaɪn 'hʌndrəd]
mil	one thousand	[ˌwʌn 'θaʊzend]
dois mil	two thousand	[tu 'θaʊzənd]
três mil	three thousand	[θri: 'θaʊzənd]
dez mil	ten thousand	[ten 'θaʊzənd]
cem mil	one hundred thousand	[ˌwʌn 'hʌndrəd 'θaʊzənd]
um milhão	million	['mɪljən]
um bilhão	billion	['bɪljən]

5. Números. Frações

fração (f)	fraction	['frækʃən]
um meio	one half	[ˌwʌn 'hɑ:f]
um terço	one third	[wʌn θɜ:d]
um quarto	one quarter	[wʌn 'kwɔ:tə(r)]
um oitavo	one eighth	[wʌn 'eɪtθ]
um décimo	one tenth	[wʌn tenθ]
dois terços	two thirds	[tu θɜ:dz]
três quartos	three quarters	[θri: 'kwɔ:təz]

6. Números. Operações básicas

subtração (f)	subtraction	[səb'trækʃən]
subtrair (vi, vt)	to subtract (vi, vt)	[tə səb'trækt]
divisão (f)	division	[dɪ'vɪʒən]
dividir (vt)	to divide (vt)	[tə dɪ'vaɪd]
adição (f)	addition	[ə'dɪʃən]
somar (vt)	to add up (vt)	[tə æd 'ʌp]
adicionar (vt)	to add (vi, vt)	[tə æd]
multiplicação (f)	multiplication	[ˌmʌltɪplɪ'keɪʃən]
multiplicar (vt)	to multiply (vt)	[tə 'mʌltɪplaɪ]

7. Números. Diversos

algarismo, dígito (m)	figure	['fɪgjə]
número (m)	number	['nʌmbə(r)]
numeral (m)	numeral	['njuːmərəl]
menos (m)	minus sign	['maɪnəs saɪn]
mais (m)	plus sign	[plʌs saɪn]
fórmula (f)	formula	['fɔːmjʊlə]
cálculo (m)	calculation	[ˌkælkjʊ'leɪʃən]
contar (vt)	to count (vi, vt)	[tə kaʊnt]
comparar (vt)	to compare (vt)	[tə kəm'peə(r)]
Quanto?	How much?	[ˌhaʊ 'mʌtʃ]
Quantos? -as?	How many?	[ˌhaʊ 'menɪ]
soma (f)	sum, total	[sʌm], ['təʊtəl]
resultado (m)	result	[rɪ'zʌlt]
resto (m)	remainder	[rɪ'meɪndə(r)]
alguns, algumas …	a few …	[ə fjuː]
pouco (~ tempo)	little	['lɪtəl]
resto (m)	the rest	[ðə rest]
um e meio	one and a half	['wʌn ənd ə ˌhɑːf]
dúzia (f)	dozen	['dʌzən]
ao meio	in half	[ɪn 'hɑːf]
em partes iguais	equally	['iːkwəlɪ]
metade (f)	half	[hɑːf]
vez (f)	time	[taɪm]

8. Os verbos mais importantes. Parte 1

abrir (vt)	to open (vt)	[tə 'əʊpən]
acabar, terminar (vt)	to finish (vt)	[tə 'fɪnɪʃ]
aconselhar (vt)	to advise (vt)	[tə əd'vaɪz]
adivinhar (vt)	to guess (vt)	[tə ges]
advertir (vt)	to warn (vt)	[tə wɔːn]

ajudar (vt)	to help (vt)	[tə help]
almoçar (vi)	to have lunch	[tə hæv lʌntʃ]
alugar (~ um apartamento)	to rent (vt)	[tə rent]
amar (pessoa)	to love (vt)	[tə lʌv]
ameaçar (vt)	to threaten (vt)	[tə 'θretən]
anotar (escrever)	to write down	[tə ˌraɪt 'daʊn]
apressar-se (vr)	to hurry (vi)	[tə 'hʌrɪ]
arrepender-se (vr)	to regret (vi)	[tə rɪ'gret]
assinar (vt)	to sign (vt)	[tə saɪn]
brincar (vi)	to joke (vi)	[tə dʒəʊk]
brincar, jogar (vi, vt)	to play (vi)	[tə pleɪ]
buscar (vt)	to look for ...	[tə lʊk fɔː(r)]
caçar (vi)	to hunt (vi, vt)	[tə hʌnt]
cair (vi)	to fall (vi)	[tə fɔːl]
cavar (vt)	to dig (vt)	[tə dɪg]
chamar (~ por socorro)	to call (vt)	[tə kɔːl]
chegar (vi)	to arrive (vi)	[tə ə'raɪv]
chorar (vi)	to cry (vi)	[tə kraɪ]
começar (vt)	to begin (vt)	[tə bɪ'gɪn]
comparar (vt)	to compare (vt)	[tə kəm'peə(r)]
concordar (dizer "sim")	to agree (vi)	[tə ə'griː]
confiar (vt)	to trust (vt)	[tə trʌst]
confundir (equivocar-se)	to confuse, to mix up (vt)	[tə kən'fjuːz], [tə mɪks ʌp]
conhecer (vt)	to know (vt)	[tə nəʊ]
contar (fazer contas)	to count (vt)	[tə kaʊnt]
contar com ...	to count on ...	[tə kaʊnt ɒn]
continuar (vt)	to continue (vt)	[tə kən'tɪnjuː]
controlar (vt)	to control (vt)	[tə kən'trəʊl]
convidar (vt)	to invite (vt)	[tə ɪn'vaɪt]
correr (vi)	to run (vi)	[tə rʌn]
criar (vt)	to create (vt)	[tə kriː'eɪt]
custar (vt)	to cost (vt)	[tə kɒst]

9. Os verbos mais importantes. Parte 2

dar (vt)	to give (vt)	[tə gɪv]
dar uma dica	to give a hint	[tə gɪv ə hɪnt]
decorar (enfeitar)	to decorate (vt)	[tə 'dekəreɪt]
defender (vt)	to defend (vt)	[tə dɪ'fend]
deixar cair (vt)	to drop (vt)	[tə drɒp]
descer (para baixo)	to come down	[tə kʌm daʊn]
desculpar (vt)	to excuse (vt)	[tə ɪk'skjuːz]
dirigir (~ uma empresa)	to run, to manage	[tə rʌn], [tə 'mænɪdʒ]
discutir (notícias, etc.)	to discuss (vt)	[tə dɪs'kʌs]
disparar, atirar (vi)	to shoot (vi)	[tə ʃuːt]
dizer (vt)	to say (vt)	[tə seɪ]
duvidar (vt)	to doubt (vi)	[tə daʊt]

encontrar (achar)	to find (vt)	[tə faɪnd]
enganar (vt)	to deceive (vi, vt)	[tə dɪˈsiːv]

entender (vt)	to understand (vt)	[tə ˌʌndəˈstænd]
entrar (na sala, etc.)	to enter (vt)	[tə ˈentə(r)]
enviar (uma carta)	to send (vt)	[tə send]
errar (enganar-se)	to make a mistake	[tə meɪk ə mɪˈsteɪk]
escolher (vt)	to choose (vt)	[tə tʃuːz]

esconder (vt)	to hide (vt)	[tə haɪd]
escrever (vt)	to write (vt)	[tə raɪt]
esperar (aguardar)	to wait (vt)	[tə weɪt]
esperar (ter esperança)	to hope (vi, vt)	[tə həʊp]
esquecer (vt)	to forget (vi, vt)	[tə fəˈget]

estudar (vt)	to study (vt)	[tə ˈstʌdɪ]
exigir (vt)	to demand (vt)	[tə dɪˈmɑːnd]
existir (vi)	to exist (vi)	[tə ɪgˈzɪst]
explicar (vt)	to explain (vt)	[tə ɪkˈspleɪn]

falar (vi)	to speak (vi, vt)	[tə spiːk]
faltar (a la escuela, etc.)	to miss (vt)	[tə mɪs]
fazer (vt)	to do (vt)	[tə duː]
ficar em silêncio	to keep silent	[tə kiːp ˈsaɪlənt]
gabar-se (vr)	to boast (vi)	[tə bəʊst]

gostar (apreciar)	to like (vt)	[tə laɪk]
gritar (vi)	to shout (vi)	[tə ʃaʊt]
guardar (fotos, etc.)	to keep (vt)	[tə kiːp]
informar (vt)	to inform (vt)	[tə ɪnˈfɔːm]
insistir (vi)	to insist (vi, vt)	[tə ɪnˈsɪst]

insultar (vt)	to insult (vt)	[tə ɪnˈsʌlt]
interessar-se (vr)	to be interested in ...	[tə bi ˈɪntrestɪd ɪn]
ir (a pé)	to go (vi)	[tə gəʊ]
ir nadar	to go for a swim	[tə gəʊ fərə swɪm]
jantar (vi)	to have dinner	[tə hæv ˈdɪnə(r)]

10. Os verbos mais importantes. Parte 3

ler (vt)	to read (vi, vt)	[tə riːd]
libertar, liberar (vt)	to liberate (vt)	[tə ˈlɪbəreɪt]
matar (vt)	to kill (vt)	[tə kɪl]
mencionar (vt)	to mention (vt)	[tə ˈmenʃən]
mostrar (vt)	to show (vt)	[tə ʃəʊ]

mudar (modificar)	to change (vt)	[tə tʃeɪndʒ]
nadar (vi)	to swim (vi)	[tə swɪm]
negar-se a ... (vr)	to refuse (vi, vt)	[tə rɪˈfjuːz]
objetar (vt)	to object (vi, vt)	[tə əbˈdʒekt]

observar (vt)	to observe (vt)	[tə əbˈzɜːv]
ordenar (mil.)	to order (vi, vt)	[tə ˈɔːdə(r)]
ouvir (vt)	to hear (vt)	[tə hɪə(r)]

pagar (vt)	to pay (vi, vt)	[tə peɪ]
parar (vi)	to stop (vi)	[tə stɒp]

parar, cessar (vt)	to stop (vt)	[tə stɒp]
participar (vi)	to participate (vi)	[tə pɑːˈtɪsɪpeɪt]
pedir (comida, etc.)	to order (vt)	[tə ˈɔːdə(r)]
pedir (um favor, etc.)	to ask (vt)	[tə ɑːsk]
pegar (tomar)	to take (vt)	[tə teɪk]

pegar (uma bola)	to catch (vt)	[tə kætʃ]
pensar (vi, vt)	to think (vi, vt)	[tə θɪŋk]
perceber (ver)	to notice (vt)	[tə ˈnəʊtɪs]
perdoar (vt)	to forgive (vt)	[tə fəˈgɪv]
perguntar (vt)	to ask (vt)	[tə ɑːsk]

permitir (vt)	to permit (vt)	[tə pəˈmɪt]
pertencer a … (vi)	to belong to …	[tə bɪˈlɒŋ tuː]
planejar (vt)	to plan (vt)	[tə plæn]
poder (~ fazer algo)	can (v aux)	[kæn]
possuir (uma casa, etc.)	to own (vt)	[tə əʊn]

preferir (vt)	to prefer (vt)	[tə prɪˈfɜː(r)]
preparar (vt)	to cook (vt)	[tə kʊk]
prever (vt)	to expect (vt)	[tə ɪkˈspekt]
prometer (vt)	to promise (vt)	[tə ˈprɒmɪs]
pronunciar (vt)	to pronounce (vt)	[tə prəˈnaʊns]

propor (vt)	to propose (vt)	[tə prəˈpəʊz]
punir (castigar)	to punish (vt)	[tə ˈpʌnɪʃ]
quebrar (vt)	to break (vt)	[tə breɪk]
queixar-se de …	to complain (vi, vt)	[tə kəmˈpleɪn]
querer (desejar)	to want (vt)	[tə wɒnt]

11. Os verbos mais importantes. Parte 4

ralhar, repreender (vt)	to scold (vt)	[tə skəʊld]
recomendar (vt)	to recommend (vt)	[tə ˌrekəˈmend]
repetir (dizer outra vez)	to repeat (vt)	[tə rɪˈpiːt]
reservar (~ um quarto)	to reserve, to book	[tə rɪˈzɜːv], [tə bʊk]
responder (vt)	to answer (vi, vt)	[tə ˈɑːnsə(r)]

rezar, orar (vi)	to pray (vi, vt)	[tə preɪ]
rir (vi)	to laugh (vi)	[tə lɑːf]
roubar (vt)	to steal (vt)	[tə stiːl]
saber (vt)	to know (vt)	[tə nəʊ]
sair (~ de casa)	to go out	[tə gəʊ aʊt]

salvar (resgatar)	to save, to rescue	[tə seɪv], [tə ˈreskjuː]
seguir (~ alguém)	to follow …	[tə ˈfɒləʊ]
sentar-se (vr)	to sit down (vi)	[tə sɪt daʊn]
ser necessário	to be needed	[tə bi ˈniːdɪd]

ser, estar	to be (vi)	[tə biː]
significar (vt)	to mean (vt)	[tə miːn]

sorrir (vi)	to smile (vi)	[tə smaɪl]
subestimar (vt)	to underestimate (vt)	[tə ˌʌndəˈrestɪmeɪt]
surpreender-se (vr)	to be surprised	[tə bi səˈpraɪzd]

tentar (~ fazer)	to try (vt)	[tə traɪ]
ter (vt)	to have (vt)	[tə hæv]
ter fome	to be hungry	[tə bi ˈhʌŋgrɪ]

ter medo	to be afraid	[tə bi əˈfreɪd]
ter sede	to be thirsty	[tə bi ˈθɜːstɪ]
tocar (com as mãos)	to touch (vt)	[tə tʌtʃ]
tomar café da manhã	to have breakfast	[tə hæv ˈbrekfəst]
trabalhar (vi)	to work (vi)	[tə wɜːk]
traduzir (vt)	to translate (vt)	[tə trænsˈleɪt]

unir (vt)	to unite (vt)	[tə juːˈnaɪt]
vender (vt)	to sell (vt)	[tə sel]
ver (vt)	to see (vt)	[tə siː]
virar (~ para a direita)	to turn (vi)	[tə tɜːn]
voar (vi)	to fly (vi)	[tə flaɪ]

12. Cores

cor (f)	color	[ˈkʌlə(r)]
tom (m)	shade	[ʃeɪd]
tonalidade (m)	hue	[hjuː]
arco-íris (m)	rainbow	[ˈreɪnbəʊ]

branco (adj)	white	[waɪt]
preto (adj)	black	[blæk]
cinza (adj)	gray	[greɪ]

verde (adj)	green	[griːn]
amarelo (adj)	yellow	[ˈjeləʊ]
vermelho (adj)	red	[red]

azul (adj)	blue	[bluː]
azul claro (adj)	light blue	[ˌlaɪt ˈbluː]
rosa (adj)	pink	[pɪŋk]
laranja (adj)	orange	[ˈɒrɪndʒ]
violeta (adj)	violet	[ˈvaɪələt]
marrom (adj)	brown	[braʊn]

dourado (adj)	golden	[ˈgəʊldən]
prateado (adj)	silvery	[ˈsɪlvərɪ]

bege (adj)	beige	[beɪʒ]
creme (adj)	cream	[kriːm]
turquesa (adj)	turquoise	[ˈtɜːkwɔɪz]
vermelho cereja (adj)	cherry red	[ˈtʃerɪ red]
lilás (adj)	lilac	[ˈlaɪlək]
carmim (adj)	crimson	[ˈkrɪmzən]
claro (adj)	light	[laɪt]
escuro (adj)	dark	[dɑːk]

vivo (adj)	**bright**	[braɪt]
de cor	**colored**	['kʌləd]
a cores	**color**	['kʌlə(r)]
preto e branco (adj)	**black-and-white**	[blæk ən waɪt]
unicolor (de uma só cor)	**plain, one-colored**	[pleɪn], [ˌwʌn'kʌləd]
multicolor (adj)	**multicolored**	['mʌltɪˌkʌləd]

13. Questões

Quem?	**Who?**	[hu:]
O que?	**What?**	[wɒt]
Onde?	**Where?**	[weə]
Para onde?	**Where?**	[weə]
De onde?	**From where?**	[frɒm weə]
Quando?	**When?**	[wen]
Para quê?	**Why?**	[waɪ]
Para quê?	**What for?**	[wɒt fɔ:(r)]
Como?	**How?**	[haʊ]
Qual (~ deles?)	**Which?**	[wɪtʃ]
A quem?	**To whom?**	[tə hu:m]
De quem?	**About whom?**	[ə'baʊt ˌhu:m]
Do quê?	**About what?**	[ə'baʊt ˌwɒt]
Com quem?	**With whom?**	[wɪð 'hu:m]
Quantos? -as?	**How many?**	[ˌhaʊ 'menɪ]
Quanto?	**How much?**	[ˌhaʊ 'mʌtʃ]
De quem (~ é isto?)	**Whose?**	[hu:z]

14. Palavras funcionais. Advérbios. Parte 1

Onde?	**Where?**	[weə]
aqui	**here**	[hɪə(r)]
lá, ali	**there**	[ðeə(r)]
em algum lugar	**somewhere**	['sʌmweə(r)]
em lugar nenhum	**nowhere**	['nəʊweə(r)]
perto de ...	**by**	[baɪ]
perto da janela	**by the window**	[baɪ ðə 'wɪndəʊ]
Para onde?	**Where?**	[weə]
aqui	**here**	[hɪə(r)]
para lá	**there**	[ðeə(r)]
daqui	**from here**	[frɒm hɪə(r)]
de lá, dali	**from there**	[frɒm ðeə(r)]
perto	**close**	[kləʊs]
longe	**far**	[fɑ:(r)]
não fica longe	**not far**	[nɒt fɑ:(r)]
esquerdo (adj)	**left**	[left]

à esquerda	on the left	[ɒn ðə left]
para a esquerda	to the left	[tə ðə left]
direito (adj)	right	[raɪt]
à direita	on the right	[ɒn ðə raɪt]
para a direita	to the right	[tə ðə raɪt]
em frente	in front	[ɪn frʌnt]
da frente	front	[frʌnt]
adiante (para a frente)	ahead	[ə'hed]
atrás de ...	behind	[bɪ'haɪnd]
de trás	from behind	[frɒm bɪ'haɪnd]
para trás	back	[bæk]
meio (m), metade (f)	middle	['mɪdəl]
no meio	in the middle	[ɪn ðə 'mɪdəl]
do lado	at the side	[ət ðə saɪd]
em todo lugar	everywhere	['evrɪweə(r)]
por todos os lados	around	[ə'raʊnd]
de dentro	from inside	[frɒm ɪn'saɪd]
para algum lugar	somewhere	['sʌmweə(r)]
diretamente	straight	[streɪt]
de volta	back	[bæk]
de algum lugar	from anywhere	[frɒm 'enɪweə(r)]
de algum lugar	from somewhere	[frɒm 'sʌmweə(r)]
em primeiro lugar	firstly	['fɜːstlɪ]
em segundo lugar	secondly	['sekəndlɪ]
em terceiro lugar	thirdly	['θɜːdlɪ]
de repente	suddenly	['sʌdənlɪ]
no início	at first	[ət fɜːst]
pela primeira vez	for the first time	[fɔː ðə 'fɜːst ˌtaɪm]
muito antes de ...	long before ...	[lɒŋ bɪ'fɔː(r)]
para sempre	for good	[fɔː 'ɡʊd]
nunca	never	['nevə(r)]
de novo	again	[ə'ɡen]
agora	now	[naʊ]
frequentemente	often	['ɒfən]
então	then	[ðen]
urgentemente	urgently	['ɜːdʒəntlɪ]
normalmente	usually	['juːʒəlɪ]
a propósito, ...	by the way, ...	[baɪ ðə weɪ]
é possível	possibly	['pɒsəblɪ]
provavelmente	probably	['prɒbəblɪ]
talvez	maybe	['meɪbiː]
além disso, ...	besides ...	[bɪ'saɪdz]
por isso ...	that's why ...	[ðæts waɪ]
apesar de ...	in spite of ...	[ɪn 'spaɪt əv]
graças a ...	thanks to ...	['θæŋks tuː]

que (pron.)	what	[wɒt]
que (conj.)	that	[ðæt]
algo	something	['sʌmθɪŋ]
alguma coisa	anything, something	['enɪθɪŋ], ['sʌmθɪŋ]
nada	nothing	['nʌθɪŋ]

quem	who	[hu:]
alguém (~ que ...)	someone	['sʌmwʌn]
alguém (com ~)	somebody	['sʌmbədɪ]

ninguém	nobody	['nəʊbədɪ]
para lugar nenhum	nowhere	['nəʊweə(r)]
de ninguém	nobody's	['nəʊbədɪz]
de alguém	somebody's	['sʌmbədɪz]

tão	so	[səʊ]
também (gostaria ~ de ...)	also	['ɔːlsəʊ]
também (~ eu)	too	[tu:]

15. Palavras funcionais. Advérbios. Parte 2

Por quê?	Why?	[waɪ]
por alguma razão	for some reason	[fɔ: 'sʌm ˌri:zən]
porque ...	because ...	[bɪ'kɒz]

e (tu ~ eu)	and	[ænd]
ou (ser ~ não ser)	or	[ɔ:(r)]
mas (porém)	but	[bʌt]
para (~ a minha mãe)	for	[fɔ:r]

muito, demais	too	[tu:]
só, somente	only	['əʊnlɪ]
exatamente	exactly	[ɪg'zæktlɪ]
cerca de (~ 10 kg)	about	[ə'baʊt]

aproximadamente	approximately	[ə'prɒksɪmətlɪ]
aproximado (adj)	approximate	[ə'prɒksɪmət]
quase	almost	['ɔːlməʊst]
resto (m)	the rest	[ðə rest]

o outro (segundo)	the other	[ðə ʌðə(r)]
outro (adj)	other	['ʌðə(r)]
cada (adj)	each	[i:ʧ]
qualquer (adj)	any	['enɪ]
muitos, muitas	many	['menɪ]
muito	much	[mʌʧ]
muitas pessoas	many people	[ˌmenɪ 'pi:pəl]
todos	all	[ɔ:l]

em troca de ...	in return for ...	[ɪn rɪ'tɜːn fɔ:]
em troca	in exchange	[ɪn ɪks'ʧeɪndʒ]
à mão	by hand	[baɪ hænd]
pouco provável	hardly	['hɑːdlɪ]
provavelmente	probably	['prɒbəblɪ]

| de propósito | **on purpose** | [ɒn 'pɜːpəs] |
| por acidente | **by accident** | [baɪ 'æksɪdənt] |

muito	**very**	['verɪ]
por exemplo	**for example**	[fɔːr ɪg'zɑːmpəl]
entre	**between**	[bɪ'twiːn]
entre (no meio de)	**among**	[ə'mʌŋ]
tanto	**so much**	[səʊ mʌtʃ]
especialmente	**especially**	[ɪ'speʃəlɪ]

Conceitos básicos. Parte 2

16. Opostos

rico (adj)	rich	[rɪʧ]
pobre (adj)	poor	[pʊə(r)]
doente (adj)	ill, sick	[ɪl], [sɪk]
bem (adj)	well	[wel]
grande (adj)	big	[bɪg]
pequeno (adj)	small	[smɔ:l]
rapidamente	quickly	['kwɪklɪ]
lentamente	slowly	['sləʊlɪ]
rápido (adj)	fast	[fɑ:st]
lento (adj)	slow	[sləʊ]
alegre (adj)	glad	[glæd]
triste (adj)	sad	[sæd]
juntos (ir ~)	together	[tə'geðə(r)]
separadamente	separately	['sepərətlɪ]
em voz alta (ler ~)	aloud	[ə'laʊd]
para si (em silêncio)	silently	['saɪləntlɪ]
alto (adj)	tall	[tɔ:l]
baixo (adj)	low	[ləʊ]
profundo (adj)	deep	[di:p]
raso (adj)	shallow	['ʃæləʊ]
sim	yes	[jes]
não	no	[nəʊ]
distante (adj)	distant	['dɪstənt]
próximo (adj)	nearby	['nɪəbaɪ]
longe	far	[fɑ:(r)]
à mão, perto	nearby	[ˌnɪə'baɪ]
longo (adj)	long	[lɒŋ]
curto (adj)	short	[ʃɔ:t]
bom (bondoso)	good	[gʊd]
mal (adj)	evil	['i:vəl]
casado (adj)	married	['mærɪd]

solteiro (adj)	**single**	['sɪŋgəl]
proibir (vt)	**to forbid** (vt)	[tə fə'bɪd]
permitir (vt)	**to permit** (vt)	[tə pə'mɪt]
fim (m)	**end**	[end]
início (m)	**beginning**	[bɪ'gɪnɪŋ]
esquerdo (adj)	**left**	[left]
direito (adj)	**right**	[raɪt]
primeiro (adj)	**first**	[fɜ:st]
último (adj)	**last**	[lɑ:st]
crime (m)	**crime**	[kraɪm]
castigo (m)	**punishment**	['pʌnɪʃmənt]
ordenar (vt)	**to order** (vt)	[tə 'ɔ:də(r)]
obedecer (vt)	**to obey** (vi, vt)	[tə ə'beɪ]
reto (adj)	**straight**	[streɪt]
curvo (adj)	**curved**	[kɜ:vd]
paraíso (m)	**paradise**	['pærədaɪs]
inferno (m)	**hell**	[hel]
nascer (vi)	**to be born**	[tə bi bɔ:n]
morrer (vi)	**to die** (vi)	[tə daɪ]
forte (adj)	**strong**	[strɒŋ]
fraco, débil (adj)	**weak**	[wi:k]
velho, idoso (adj)	**old**	[əʊld]
jovem (adj)	**young**	[jʌŋ]
velho (adj)	**old**	[əʊld]
novo (adj)	**new**	[nju:]
duro (adj)	**hard**	[hɑ:d]
macio (adj)	**soft**	[sɒft]
quente (adj)	**warm**	[wɔ:m]
frio (adj)	**cold**	[kəʊld]
gordo (adj)	**fat**	[fæt]
magro (adj)	**thin**	[θɪn]
estreito (adj)	**narrow**	['nærəʊ]
largo (adj)	**wide**	[waɪd]
bom (adj)	**good**	[gʊd]
mau (adj)	**bad**	[bæd]
valente, corajoso (adj)	**brave**	[breɪv]
covarde (adj)	**cowardly**	['kaʊədlɪ]

17. Dias da semana

segunda-feira (f)	Monday	['mʌndɪ]
terça-feira (f)	Tuesday	['tjuːzdɪ]
quarta-feira (f)	Wednesday	['wenzdɪ]
quinta-feira (f)	Thursday	['θɜːzdɪ]
sexta-feira (f)	Friday	['fraɪdɪ]
sábado (m)	Saturday	['sætədɪ]
domingo (m)	Sunday	['sʌndɪ]

hoje	today	[tə'deɪ]
amanhã	tomorrow	[tə'mɒrəʊ]
depois de amanhã	the day after tomorrow	[ðə deɪ 'ɑːftə tə'mɒrəʊ]
ontem	yesterday	['jestədɪ]
anteontem	the day before yesterday	[ðə deɪ bɪ'fɔː 'jestədɪ]

dia (m)	day	[deɪ]
dia (m) de trabalho	working day	['wɜːkɪŋ deɪ]
feriado (m)	public holiday	['pʌblɪk 'hɒlɪdeɪ]
dia (m) de folga	day off	[ˌdeɪ'ɒf]
fim (m) de semana	weekend	[ˌwiːk'end]

o dia todo	all day long	[ɔːl 'deɪ ˌlɒŋ]
no dia seguinte	the next day	[ðə nekst deɪ]
há dois dias	two days ago	[tu deɪz ə'gəʊ]
na véspera	the day before	[ðə deɪ bɪ'fɔː(r)]
diário (adj)	daily	['deɪlɪ]
todos os dias	every day	[ˌevrɪ 'deɪ]

semana (f)	week	[wiːk]
na semana passada	last week	[ˌlɑːst 'wiːk]
semana que vem	next week	[ˌnekst 'wiːk]
semanal (adj)	weekly	['wiːklɪ]
toda semana	every week	[ˌevrɪ 'wiːk]
duas vezes por semana	twice a week	[ˌtwaɪs ə 'wiːk]
toda terça-feira	every Tuesday	['evrɪ 'tjuːzdɪ]

18. Horas. Dia e noite

manhã (f)	morning	['mɔːnɪŋ]
de manhã	in the morning	[ɪn ðə 'mɔːnɪŋ]
meio-dia (m)	noon, midday	[nuːn], ['mɪddeɪ]
à tarde	in the afternoon	[ɪn ðə ˌɑːftə'nuːn]

tardinha (f)	evening	['iːvnɪŋ]
à tardinha	in the evening	[ɪn ðɪ 'iːvnɪŋ]
noite (f)	night	[naɪt]
à noite	at night	[ət naɪt]
meia-noite (f)	midnight	['mɪdnaɪt]

segundo (m)	second	['sekənd]
minuto (m)	minute	['mɪnɪt]
hora (f)	hour	['aʊə(r)]

meia hora (f)	half an hour	[ˌhɑːf ən 'aʊə(r)]
quarto (m) de hora	a quarter-hour	[ə 'kwɔːtər'aʊə(r)]
quinze minutos	fifteen minutes	[fɪfˈtiːn 'mɪnɪts]
vinte e quatro horas	twenty four hours	['twentɪ fɔːr'aʊəz]

nascer (m) do sol	sunrise	['sʌnraɪz]
amanhecer (m)	dawn	[dɔːn]
madrugada (f)	early morning	['ɜːlɪ 'mɔːnɪŋ]
pôr-do-sol (m)	sunset	['sʌnset]

de madrugada	early in the morning	['ɜːlɪ ɪn ðə 'mɔːnɪŋ]
esta manhã	this morning	[ðɪs 'mɔːnɪŋ]
amanhã de manhã	tomorrow morning	[təˈmɒrəʊ 'mɔːnɪŋ]

esta tarde	this afternoon	[ðɪs ˌɑːftəˈnuːn]
à tarde	in the afternoon	[ɪn ðə ˌɑːftəˈnuːn]
amanhã à tarde	tomorrow afternoon	[təˈmɒrəʊ ˌɑːftəˈnuːn]

esta noite, hoje à noite	tonight	[təˈnaɪt]
amanhã à noite	tomorrow night	[təˈmɒrəʊ naɪt]

às três horas em ponto	at 3 o'clock sharp	[ət θriː əˈklɒk ʃɑːp]
por volta das quatro	about 4 o'clock	[əˈbaʊt fɔːrəˈklɒk]
às doze	by 12 o'clock	[baɪ twelv əˈklɒk]

em vinte minutos	in 20 minutes	[ɪn 'twentɪ ˌmɪnɪts]
em uma hora	in an hour	[ɪn ən 'aʊə(r)]
a tempo	on time	[ɒn 'taɪm]

… um quarto para	a quarter to …	[ə 'kwɔːtə tə]
dentro de uma hora	within an hour	[wɪˈðɪn æn 'aʊə(r)]
a cada quinze minutos	every 15 minutes	['evrɪ fɪfˈtiːn 'mɪnɪts]
as vinte e quatro horas	round the clock	['raʊnd ðə ˌklɒk]

19. Meses. Estações

janeiro (m)	January	['dʒænjʊərɪ]
fevereiro (m)	February	['februərɪ]
março (m)	March	[mɑːtʃ]
abril (m)	April	['eɪprəl]
maio (m)	May	[meɪ]
junho (m)	June	[dʒuːn]

julho (m)	July	[dʒuːˈlaɪ]
agosto (m)	August	['ɔːgəst]
setembro (m)	September	[sepˈtembə(r)]
outubro (m)	October	[ɒkˈtəʊbə(r)]
novembro (m)	November	[nəʊˈvembə(r)]
dezembro (m)	December	[dɪˈsembə(r)]

primavera (f)	spring	[sprɪŋ]
na primavera	in (the) spring	[ɪn (ðə) sprɪŋ]
primaveril (adj)	spring	[sprɪŋ]
verão (m)	summer	['sʌmə(r)]

| no verão | in (the) summer | [ɪn (ðə) 'sʌmə(r)] |
| de verão | summer | ['sʌmə(r)] |

outono (m)	fall	[fɔ:l]
no outono	in (the) fall	[ɪn (ðə) fɔ:l]
outonal (adj)	fall	[fɔ:l]

inverno (m)	winter	['wɪntə(r)]
no inverno	in (the) winter	[ɪn (ðə) 'wɪntə(r)]
de inverno	winter	['wɪntə(r)]

mês (m)	month	[mʌnθ]
este mês	this month	[ðɪs mʌnθ]
mês que vem	next month	[ˌnekst 'mʌnθ]
no mês passado	last month	[ˌlɑ:st 'mʌnθ]

um mês atrás	a month ago	[əˌmʌnθ ə'gəʊ]
em um mês	in a month	[ɪn ə 'mʌnθ]
em dois meses	in two months	[ɪn ˌtu: 'mʌnθs]
todo o mês	the whole month	[ðə ˌhəʊl 'mʌnθ]
um mês inteiro	all month long	[ɔ:l 'mʌnθ ˌlɒŋ]
mensal (adj)	monthly	['mʌnθlɪ]
mensalmente	monthly	['mʌnθlɪ]
todo mês	every month	[ˌevrɪ 'mʌnθ]
duas vezes por mês	twice a month	[ˌtwaɪs ə 'mʌnθ]

ano (m)	year	[jɪə(r)]
este ano	this year	[ðɪs jɪə(r)]
ano que vem	next year	[ˌnekst 'jɪə(r)]
no ano passado	last year	[ˌlɑ:st 'jɪə(r)]

há um ano	a year ago	[ə jɪərə'gəʊ]
em um ano	in a year	[ɪn ə 'jɪə(r)]
dentro de dois anos	in two years	[ɪn ˌtu: 'jɪəz]
todo o ano	the whole year	[ðə ˌhəʊl 'jɪə(r)]
um ano inteiro	all year long	[ɔ:l 'jɪə ˌlɒŋ]

cada ano	every year	[ˌevrɪ 'jɪə(r)]
anual (adj)	annual	['ænjʊəl]
anualmente	annually	['ænjʊəlɪ]
quatro vezes por ano	4 times a year	[fɔ: taɪmz əjɪər]

data (~ de hoje)	date	[deɪt]
data (ex. ~ de nascimento)	date	[deɪt]
calendário (m)	calendar	['kælɪndə(r)]

meio ano	half a year	[ˌhɑ:f ə 'jɪə(r)]
seis meses	six months	[sɪks mʌnθs]
estação (f)	season	['si:zən]

20. Tempo. Diversos

| tempo (m) | time | [taɪm] |
| momento (m) | moment | ['məʊmənt] |

instante (m)	instant	['ɪnstənt]
instantâneo (adj)	instant	['ɪnstənt]
lapso (m) de tempo	lapse	[læps]
vida (f)	life	[laɪf]
eternidade (f)	eternity	[ɪ'tɜ:nətɪ]
época (f)	epoch	['i:pɒk]
era (f)	era	['ɪərə]
ciclo (m)	cycle	['saɪkəl]
período (m)	period	['pɪərɪəd]
prazo (m)	term	[tɜ:m]
futuro (m)	the future	[ðə 'fju:ʧə(r)]
futuro (adj)	future	['fju:ʧə(r)]
da próxima vez	next time	[ˌnekst 'taɪm]
passado (m)	the past	[ðə pɑ:st]
passado (adj)	past	[pɑ:st]
na última vez	last time	[ˌlɑ:st 'taɪm]
mais tarde	later	['leɪtə(r)]
depois de …	after	['ɑ:ftə(r)]
atualmente	nowadays	['nauədeɪz]
agora	now	[nau]
imediatamente	immediately	[ɪ'mi:djətlɪ]
em breve	soon	[su:n]
de antemão	in advance	[ɪn əd'vɑ:ns]
há muito tempo	a long time ago	[əˌlɒŋ 'taɪm ə'gəu]
recentemente	recently	['ri:səntlɪ]
destino (m)	destiny	['destɪnɪ]
recordações (f pl)	recollections	[ˌrekə'lekʃənz]
arquivo (m)	archives	['ɑ:kaɪvz]
durante …	during …	['djuərɪŋ]
durante muito tempo	long, a long time	[lɒŋ], [ə lɒŋ taɪm]
pouco tempo	not long	[nɒt lɒŋ]
cedo (levantar-se ~)	early	['ɜ:lɪ]
tarde (deitar-se ~)	late	[leɪt]
para sempre	forever	[fə'revə(r)]
começar (vt)	to start (vt)	[tə stɑ:t]
adiar (vt)	to postpone (vt)	[tə ˌpəust'pəun]
ao mesmo tempo	at the same time	[ət ðə 'seɪm ˌtaɪm]
permanentemente	permanently	['pɜ:mənəntlɪ]
constante (~ ruído, etc.)	constant	['kɒnstənt]
temporário (adj)	temporary	['tempərərɪ]
às vezes	sometimes	['sʌmtaɪmz]
raras vezes, raramente	rarely	['reəlɪ]
frequentemente	often	['ɒfən]

21. Linhas e formas

quadrado (m)	square	[skweə(r)]
quadrado (adj)	square	[skweə(r)]

círculo (m)	circle	['sɜːkəl]
redondo (adj)	round	[raʊnd]
triângulo (m)	triangle	['traɪæŋgəl]
triangular (adj)	triangular	[traɪ'æŋgjʊlə(r)]

oval (f)	oval	['əʊvəl]
oval (adj)	oval	['əʊvəl]
retângulo (m)	rectangle	['rekˌtæŋgəl]
retangular (adj)	rectangular	[ˌrek'tæŋgjʊlə(r)]

pirâmide (f)	pyramid	['pɪrəmɪd]
losango (m)	rhombus	['rɒmbəs]
trapézio (m)	trapezoid	['træpɪzɔɪd]
cubo (m)	cube	[kjuːb]
prisma (m)	prism	['prɪzəm]

circunferência (f)	circumference	[sə'kʌmfərəns]
esfera (f)	sphere	[sfɪə(r)]
globo (m)	ball	[bɔːl]
diâmetro (m)	diameter	[daɪ'æmɪtə(r)]
raio (m)	radius	['reɪdɪəs]
perímetro (m)	perimeter	[pə'rɪmɪtə(r)]
centro (m)	center	['sentə(r)]

horizontal (adj)	horizontal	[ˌhɒrɪ'zɒntəl]
vertical (adj)	vertical	['vɜːtɪkəl]
paralela (f)	parallel	['pærəlel]
paralelo (adj)	parallel	['pærəlel]

linha (f)	line	[laɪn]
traço (m)	stroke	[strəʊk]
reta (f)	straight line	['streɪt ˌlaɪn]
curva (f)	curve	[kɜːv]
fino (linha ~a)	thin	[θɪn]
contorno (m)	contour	['kɒntʊə(r)]

interseção (f)	intersection	[ˌɪntə'sekʃən]
ângulo (m) reto	right angle	[raɪt 'æŋgəl]
segmento (m)	segment	['segmənt]
setor (m)	sector	['sektə(r)]
lado (de um triângulo, etc.)	side	[saɪd]
ângulo (m)	angle	['æŋgəl]

22. Unidades de medida

peso (m)	weight	[weɪt]
comprimento (m)	length	[leŋθ]
largura (f)	width	[wɪdθ]
altura (f)	height	[haɪt]
profundidade (f)	depth	[depθ]
volume (m)	volume	['vɒljuːm]
área (f)	area	['eərɪə]
grama (m)	gram	[græm]
miligrama (m)	milligram	['mɪlɪgræm]

quilograma (m)	kilogram	['kɪlə‚græm]
tonelada (f)	ton	[tʌn]
libra (453,6 gramas)	pound	[paʊnd]
onça (f)	ounce	[aʊns]

metro (m)	meter	['mi:tə(r)]
milímetro (m)	millimeter	['mɪlɪ‚mi:tə(r)]
centímetro (m)	centimeter	['sentɪ‚mi:tə(r)]
quilômetro (m)	kilometer	['kɪlə‚mi:tə(r)]
milha (f)	mile	[maɪl]

polegada (f)	inch	[ɪntʃ]
pé (304,74 mm)	foot	[fʊt]
jarda (914,383 mm)	yard	[jɑ:d]

| metro (m) quadrado | square meter | [skweə 'mi:tə(r)] |
| hectare (m) | hectare | ['hekteə(r)] |

litro (m)	liter	['li:tə(r)]
grau (m)	degree	[dɪ'gri:]
volt (m)	volt	[vəʊlt]
ampère (m)	ampere	['æmpeə(r)]
cavalo (m) de potência	horsepower	['hɔ:s‚paʊə(r)]

quantidade (f)	quantity	['kwɒntɪtɪ]
um pouco de ...	a little bit of ...	[ə 'lɪtəl bɪt əv]
metade (f)	half	[hɑ:f]
dúzia (f)	dozen	['dʌzən]
peça (f)	piece	[pi:s]

| tamanho (m), dimensão (f) | size | [saɪz] |
| escala (f) | scale | [skeɪl] |

mínimo (adj)	minimal	['mɪnɪməl]
menor, mais pequeno	the smallest	[ðə 'smɔ:ləst]
médio (adj)	medium	['mi:dɪəm]
máximo (adj)	maximal	['mæksɪməl]
maior, mais grande	the largest	[ðə 'lɑ:dʒɪst]

23. Recipientes

pote (m) de vidro	jar	[dʒɑ:(r)]
lata (~ de cerveja)	can	[kæn]
balde (m)	bucket	['bʌkɪt]
barril (m)	barrel	['bærəl]

bacia (~ de plástico)	basin	['beɪsən]
tanque (m)	tank	[tæŋk]
cantil (m) de bolso	hip flask	[hɪp flɑ:sk]
galão (m) de gasolina	jerrycan	['dʒerɪkæn]
cisterna (f)	tank	[tæŋk]

| caneca (f) | mug | [mʌg] |
| xícara (f) | cup | [kʌp] |

pires (m)	saucer	['sɔ:sǝ(r)]
copo (m)	glass	[glɑ:s]
taça (f) de vinho	glass	[glɑ:s]
panela (f)	stock pot	[stɒk pɒt]

| garrafa (f) | bottle | ['bɒtǝl] |
| gargalo (m) | neck | [nek] |

jarra (f)	carafe	[kǝ'ræf]
jarro (m)	pitcher	['pɪtʃǝ(r)]
recipiente (m)	vessel	['vesǝl]
pote (m)	pot	[pɒt]
vaso (m)	vase	[veɪz]

frasco (~ de perfume)	bottle	['bɒtǝl]
frasquinho (m)	vial, small bottle	['vaɪǝl], [smɔ:l 'bɒtǝl]
tubo (m)	tube	[tju:b]

saco (ex. ~ de açúcar)	sack	[sæk]
sacola (~ plastica)	bag	[bæg]
maço (de cigarros, etc.)	pack	[pæk]

caixa (~ de sapatos, etc.)	box	[bɒks]
caixote (~ de madeira)	box	[bɒks]
cesto (m)	basket	['bɑ:skɪt]

24. Materiais

material (m)	material	[mǝ'tɪǝrɪǝl]
madeira (f)	wood	[wʊd]
de madeira	wooden	['wʊdǝn]

| vidro (m) | glass | [glɑ:s] |
| de vidro | glass | [glɑ:s] |

| pedra (f) | stone | [stǝʊn] |
| de pedra | stone | [stǝʊn] |

| plástico (m) | plastic | ['plæstɪk] |
| plástico (adj) | plastic | ['plæstɪk] |

| borracha (f) | rubber | ['rʌbǝ(r)] |
| de borracha | rubber | ['rʌbǝ(r)] |

| tecido, pano (m) | material, fabric | [mǝ'tɪǝrɪǝl], ['fæbrɪk] |
| de tecido | fabric | ['fæbrɪk] |

| papel (m) | paper | ['peɪpǝ(r)] |
| de papel | paper | ['peɪpǝ(r)] |

papelão (m)	cardboard	['kɑ:dbɔ:d]
de papelão	cardboard	['kɑ:dbɔ:d]
polietileno (m)	polyethylene	[,pɒlɪ'eθɪli:n]
celofane (m)	cellophane	['selǝfeɪn]

linóleo (m)	linoleum	[lɪˈnəʊljəm]
madeira (f) compensada	plywood	[ˈplaɪwʊd]

porcelana (f)	porcelain	[ˈpɔːsəlɪn]
de porcelana	porcelain	[ˈpɔːsəlɪn]
argila (f), barro (m)	clay	[kleɪ]
de barro	clay	[kleɪ]
cerâmica (f)	ceramic	[sɪˈræmɪk]
de cerâmica	ceramic	[sɪˈræmɪk]

25. Metais

metal (m)	metal	[ˈmetəl]
metálico (adj)	metal	[ˈmetəl]
liga (f)	alloy	[ˈælɔɪ]

ouro (m)	gold	[gəʊld]
de ouro	gold, golden	[gəʊld], [ˈgəʊldən]
prata (f)	silver	[ˈsɪlvə(r)]
de prata	silver	[ˈsɪlvə(r)]

ferro (m)	iron	[ˈaɪrən]
de ferro	iron-, made of iron	[ˈaɪrən], [meɪd əv ˈaɪrən]
aço (m)	steel	[stiːl]
de aço (adj)	steel	[stiːl]
cobre (m)	copper	[ˈkɒpə(r)]
de cobre	copper	[ˈkɒpə(r)]

alumínio (m)	aluminum	[əˈluːmɪnəm]
de alumínio	aluminum	[əˈluːmɪnəm]
bronze (m)	bronze	[brɒnz]
de bronze	bronze	[brɒnz]

latão (m)	brass	[brɑːs]
níquel (m)	nickel	[ˈnɪkəl]
platina (f)	platinum	[ˈplætɪnəm]
mercúrio (m)	mercury	[ˈmɜːkjʊrɪ]
estanho (m)	tin	[tɪn]
chumbo (m)	lead	[led]
zinco (m)	zinc	[zɪŋk]

O SER HUMANO

O ser humano. O corpo

26. Humanos. Conceitos básicos

ser (m) humano	human being	['hju:mən 'bi:ɪŋ]
homem (m)	man	[mæn]
mulher (f)	woman	['wʊmən]
criança (f)	child	[tʃaɪld]
menina (f)	girl	[gɜ:l]
menino (m)	boy	[bɔɪ]
adolescente (m)	teenager	['ti:nˌeɪdʒə(r)]
velho (m)	old man	['əʊld ˌmæn]
velha (f)	old woman	['əʊld ˌwʊmən]

27. Anatomia humana

organismo (m)	organism	['ɔ:gənɪzəm]
coração (m)	heart	[hɑ:t]
sangue (m)	blood	[blʌd]
artéria (f)	artery	['ɑ:tərɪ]
veia (f)	vein	[veɪn]
cérebro (m)	brain	[breɪn]
nervo (m)	nerve	[nɜ:v]
nervos (m pl)	nerves	[nɜ:vz]
vértebra (f)	vertebra	['vɜ:tɪbrə]
coluna (f) vertebral	spine, backbone	[spaɪn], ['bækbəʊn]
estômago (m)	stomach	['stʌmək]
intestinos (m pl)	intestines, bowels	[ɪn'testɪnz], ['baʊəlz]
intestino (m)	intestine	[ɪn'testɪn]
fígado (m)	liver	['lɪvə(r)]
rim (m)	kidney	['kɪdnɪ]
osso (m)	bone	[bəʊn]
esqueleto (m)	skeleton	['skelɪtən]
costela (f)	rib	[rɪb]
crânio (m)	skull	[skʌl]
músculo (m)	muscle	['mʌsəl]
bíceps (m)	biceps	['baɪseps]
tríceps (m)	triceps	['traɪseps]
tendão (m)	tendon	['tendən]
articulação (f)	joint	[dʒɔɪnt]

pulmões (m pl)	**lungs**	[lʌŋz]
órgãos (m pl) genitais	**genitals**	['dʒenɪtəlz]
pele (f)	**skin**	[skɪn]

28. Cabeça

cabeça (f)	**head**	[hed]
rosto, cara (f)	**face**	[feɪs]
nariz (m)	**nose**	[nəʊz]
boca (f)	**mouth**	[maʊθ]
olho (m)	**eye**	[aɪ]
olhos (m pl)	**eyes**	[aɪz]
pupila (f)	**pupil**	['pju:pəl]
sobrancelha (f)	**eyebrow**	['aɪbraʊ]
cílio (f)	**eyelash**	['aɪlæʃ]
pálpebra (f)	**eyelid**	['aɪlɪd]
língua (f)	**tongue**	[tʌŋ]
dente (m)	**tooth**	[tu:θ]
lábios (m pl)	**lips**	[lɪps]
maçãs (f pl) do rosto	**cheekbones**	['tʃi:kbəʊnz]
gengiva (f)	**gum**	[gʌm]
palato (m)	**palate**	['pælət]
narinas (f pl)	**nostrils**	['nɒstrɪlz]
queixo (m)	**chin**	[tʃɪn]
mandíbula (f)	**jaw**	[dʒɔ:]
bochecha (f)	**cheek**	[tʃi:k]
testa (f)	**forehead**	['fɔ:hed]
têmpora (f)	**temple**	['tempəl]
orelha (f)	**ear**	[ɪə(r)]
costas (f pl) da cabeça	**back of the head**	['bæk əv ðə ˌhed]
pescoço (m)	**neck**	[nek]
garganta (f)	**throat**	[θrəʊt]
cabelo (m)	**hair**	[heə(r)]
penteado (m)	**hairstyle**	['heəstaɪl]
corte (m) de cabelo	**haircut**	['heəkʌt]
peruca (f)	**wig**	[wɪg]
bigode (m)	**mustache**	['mʌstæʃ]
barba (f)	**beard**	[bɪəd]
ter (~ barba, etc.)	**to have** (vt)	[tə hæv]
trança (f)	**braid**	[breɪd]
suíças (f pl)	**sideburns**	['saɪdbɜ:nz]
ruivo (adj)	**red-haired**	['red ˌheəd]
grisalho (adj)	**gray**	[greɪ]
careca (adj)	**bald**	[bɔ:ld]
calva (f)	**bald patch**	[bɔ:ld pætʃ]
rabo-de-cavalo (m)	**ponytail**	['pəʊnɪteɪl]
franja (f)	**bangs**	[bæŋz]

29. Corpo humano

mão (f)	hand	[hænd]
braço (m)	arm	[ɑːm]

dedo (m)	finger	['fɪŋgə(r)]
polegar (m)	thumb	[θʌm]
dedo (m) mindinho	little finger	[ˌlɪtəl 'fɪŋgə(r)]
unha (f)	nail	[neɪl]

punho (m)	fist	[fɪst]
palma (f)	palm	[pɑːm]
pulso (m)	wrist	[rɪst]
antebraço (m)	forearm	['fɔːrˌɑːm]
cotovelo (m)	elbow	['elbəʊ]
ombro (m)	shoulder	['ʃəʊldə(r)]

perna (f)	leg	[leg]
pé (m)	foot	[fʊt]
joelho (m)	knee	[niː]
panturrilha (f)	calf	[kɑːf]
quadril (m)	hip	[hɪp]
calcanhar (m)	heel	[hiːl]

corpo (m)	body	['bɒdɪ]
barriga (f), ventre (m)	stomach	['stʌmək]
peito (m)	chest	[ʧest]
seio (m)	breast	[brest]
lado (m)	flank	[flæŋk]
costas (dorso)	back	[bæk]
região (f) lombar	lower back	['ləʊə bæk]
cintura (f)	waist	[weɪst]

umbigo (m)	navel, belly button	['neɪvəl], ['belɪ 'bʌtən]
nádegas (f pl)	buttocks	['bʌtəks]
traseiro (m)	bottom	['bɒtəm]

sinal (m), pinta (f)	beauty mark	['bjuːtɪ mɑːk]
tatuagem (f)	tattoo	[tə'tuː]
cicatriz (f)	scar	[skɑː(r)]

Vestuário & Acessórios

30. Roupa exterior. Casacos

roupa (f)	clothes	[kləʊðz]
roupa (f) exterior	outerwear	['aʊtəwee(r)]
roupa (f) de inverno	winter clothing	['wɪntə 'kləʊðɪŋ]
sobretudo (m)	coat, overcoat	[kəʊt], ['əʊvəkəʊt]
casaco (m) de pele	fur coat	['fɜː ̩kəʊt]
jaqueta (f) de pele	fur jacket	['fɜː 'dʒækɪt]
casaco (m) acolchoado	down coat	['daʊn ̩kəʊt]
casaco (m), jaqueta (f)	jacket	['dʒækɪt]
impermeável (m)	raincoat	['reɪnkəʊt]
a prova d'água	waterproof	['wɔːtəpruːf]

31. Vestuário de homem & mulher

camisa (f)	shirt	[ʃɜːt]
calça (f)	pants	[pænts]
jeans (m)	jeans	[dʒiːnz]
paletó, terno (m)	jacket	['dʒækɪt]
terno (m)	suit	[suːt]
vestido (ex. ~ de noiva)	dress	[dres]
saia (f)	skirt	[skɜːt]
blusa (f)	blouse	[blaʊz]
casaco (m) de malha	knitted jacket	['nɪtɪd 'dʒækɪt]
casaco, blazer (m)	jacket	['dʒækɪt]
camiseta (f)	T-shirt	['tiː ʃɜːt]
short (m)	shorts	[ʃɔːts]
training (m)	tracksuit	['træksuːt]
roupão (m) de banho	bathrobe	['bɑːθrəʊb]
pijama (m)	pajamas	[pə'dʒɑːməz]
suéter (m)	sweater	['swetə(r)]
pulôver (m)	pullover	['pʊl̩əʊvə(r)]
colete (m)	vest	[vest]
fraque (m)	tailcoat	[̩teɪl'kəʊt]
smoking (m)	tuxedo	[tʌk'siːdəʊ]
uniforme (m)	uniform	['juːnɪfɔːm]
roupa (f) de trabalho	workwear	[wɜːkweə(r)]
macacão (m)	overalls	['əʊvərɔːlz]
jaleco (m), bata (f)	coat	[kəʊt]

32. Vestuário. Roupa interior

roupa (f) íntima	underwear	['ʌndəweə(r)]
camiseta (f)	undershirt	['ʌndəʃɜːt]
meias (f pl)	socks	[sɒks]

camisola (f)	nightdress	['naɪtdres]
sutiã (m)	bra	[brɑː]
meias longas (f pl)	knee highs	['niː ˌhaɪs]
meias-calças (f pl)	pantyhose	['pæntɪhəʊz]
meias (~ de nylon)	stockings	['stɒkɪŋz]
maiô (m)	bathing suit	['beɪðɪŋ suːt]

33. Adereços de cabeça

chapéu (m), touca (f)	hat	[hæt]
chapéu (m) de feltro	fedora	[fɪ'dɔːrə]
boné (m) de beisebol	baseball cap	['beɪsbɔːl kæp]
boina (~ italiana)	flatcap	[flæt kæp]

boina (ex. ~ basca)	beret	['bereɪ]
capuz (m)	hood	[hʊd]
chapéu panamá (m)	panama	['pænəmɑː]
touca (f)	knit cap, knitted hat	[nɪt kæp], ['nɪtɪdˌhæt]

lenço (m)	headscarf	['hedskɑːf]
chapéu (m) feminino	women's hat	['wɪmɪns hæt]

capacete (m) de proteção	hard hat	[hɑːd hæt]
bibico (m)	garrison cap	['gærɪsən kæp]
capacete (m)	helmet	['helmɪt]

chapéu-coco (m)	derby	['dɜːbɪ]
cartola (f)	top hat	[tɒp hæt]

34. Calçado

calçado (m)	footwear	['fʊtweə(r)]
botinas (f pl), sapatos (m pl)	shoes	[ʃuːz]
sapatos (de salto alto, etc.)	shoes	[ʃuːz]
botas (f pl)	boots	[buːts]
pantufas (f pl)	slippers	['slɪpəz]

tênis (~ Nike, etc.)	tennis shoes	['tenɪsʃuːz]
tênis (~ Converse)	sneakers	['sniːkəz]
sandálias (f pl)	sandals	['sændəlz]

sapateiro (m)	cobbler, shoe repairer	['kɒblə(r)], [ʃuː rɪ'peərə(r)]
salto (m)	heel	[hiːl]
par (m)	pair	[peə(r)]
cadarço (m)	shoestring	['ʃuːstrɪŋ]

amarrar os cadarços	to lace (vt)	[tə leɪs]
calçadeira (f)	shoehorn	[ˈʃuːhɔːn]
graxa (f) para calçado	shoe polish	[ʃuː ˈpɒlɪʃ]

35. Têxtil. Tecidos

algodão (m)	cotton	[ˈkɒtən]
linho (m)	flax	[flæks]
seda (f)	silk	[sɪlk]
de seda	silk	[sɪlk]
lã (f)	wool	[wʊl]
de lã	wool	[wʊl]
veludo (m)	velvet	[ˈvelvɪt]
camurça (f)	suede	[sweɪd]
veludo (m) cotelê	corduroy	[ˈkɒːdərɔɪ]
nylon (m)	nylon	[ˈnaɪlɒn]
de nylon	nylon	[ˈnaɪlɒn]
poliéster (m)	polyester	[ˌpɒlɪˈestə(r)]
de poliéster	polyester	[ˌpɒlɪˈestə(r)]
couro (m)	leather	[ˈleðə(r)]
de couro	leather	[ˈleðə(r)]
pele (f)	fur	[fɜː(r)]
de pele	fur	[fɜː(r)]

36. Acessórios pessoais

luva (f)	gloves	[glʌvz]
mitenes (f pl)	mittens	[ˈmɪtənz]
cachecol (m)	scarf	[skɑːf]
óculos (m pl)	glasses	[ˈglɑːsɪz]
armação (f)	frame	[freɪm]
guarda-chuva (m)	umbrella	[ʌmˈbrelə]
bengala (f)	walking stick	[ˈwɔːkɪŋ stɪk]
escova (f) para o cabelo	hairbrush	[ˈheəbrʌʃ]
leque (m)	fan	[fæn]
gravata (f)	tie	[taɪ]
gravata-borboleta (f)	bow tie	[bəʊ taɪ]
suspensórios (m pl)	suspenders	[səˈspendəz]
lenço (m)	handkerchief	[ˈhæŋkətʃɪf]
pente (m)	comb	[kəʊm]
fivela (f) para cabelo	barrette	[bəˈret]
grampo (m)	hairpin	[ˈheəpɪn]
fivela (f)	buckle	[ˈbʌkəl]
cinto (m)	belt	[belt]
alça (f) de ombro	shoulder strap	[ˈʃəʊldə stræp]

bolsa (f)	bag	[bæg]
bolsa (feminina)	purse	[pɜːs]
mochila (f)	backpack	['bækpæk]

37. Vestuário. Diversos

moda (f)	fashion	['fæʃən]
na moda (adj)	in vogue	[ɪn vəʊg]
estilista (m)	fashion designer	['fæʃən dɪ'zaɪnə(r)]

colarinho (m)	collar	['kɒlə(r)]
bolso (m)	pocket	['pɒkɪt]
de bolso	pocket	['pɒkɪt]
manga (f)	sleeve	[sliːv]
ganchinho (m)	hanging loop	['hæŋɪŋ luːp]
bragueta (f)	fly	[flaɪ]

zíper (m)	zipper	['zɪpə(r)]
colchete (m)	fastener	['fɑːsənə(r)]
botão (m)	button	['bʌtən]
botoeira (casa de botão)	buttonhole	['bʌtənhəʊl]
soltar-se (vr)	to come off	[tə kʌm ɒf]

costurar (vi)	to sew (vi, vt)	[tə səʊ]
bordar (vt)	to embroider (vi, vt)	[tə ɪm'brɔɪdə(r)]
bordado (m)	embroidery	[ɪm'brɔɪdərɪ]
agulha (f)	sewing needle	['səʊɪŋ 'niːdəl]
fio, linha (f)	thread	[θred]
costura (f)	seam	[siːm]

sujar-se (vr)	to get dirty (vi)	[tə get 'dɜːtɪ]
mancha (f)	stain	[steɪn]
amarrotar-se (vr)	to crease, crumple (vi)	[tə kriːs], ['krʌmpəl]
rasgar (vt)	to tear, to rip (vt)	[tə teər], [tə rɪp]
traça (f)	clothes moth	[kləʊðz mɒθ]

38. Cuidados pessoais. Cosméticos

pasta (f) de dente	toothpaste	['tuːθpeɪst]
escova (f) de dente	toothbrush	['tuːθbrʌʃ]
escovar os dentes	to brush one's teeth	[tə brʌʃ wʌns 'tiːθ]

gilete (f)	razor	['reɪzə(r)]
creme (m) de barbear	shaving cream	['ʃeɪvɪŋ ˌkriːm]
barbear-se (vr)	to shave (vi)	[tə ʃeɪv]

| sabonete (m) | soap | [səʊp] |
| xampu (m) | shampoo | [ʃæm'puː] |

tesoura (f)	scissors	['sɪzəz]
lixa (f) de unhas	nail file	['neɪl ˌfaɪl]
corta-unhas (m)	nail clippers	[neɪl 'klɪpərz]

pinça (f)	tweezers	['twi:zəz]
cosméticos (m pl)	cosmetics	[koz'metıks]
máscara (f)	facial mask	['feıʃəl mɑːsk]
manicure (f)	manicure	['mænı,kjʊə(r)]
fazer as unhas	to have a manicure	[tə hævə 'mænı,kjʊə]
pedicure (f)	pedicure	['pedı,kjʊə(r)]

bolsa (f) de maquiagem	make-up bag	['meık ʌp ,bæg]
pó (de arroz)	face powder	[feıs 'paʊdə(r)]
pó (m) compacto	powder compact	['paʊdə 'kɒmpækt]
blush (m)	blusher	['blʌʃə(r)]

perfume (m)	perfume	['pɜ:fju:m]
água-de-colônia (f)	toilet water	['tɔılıt 'wɔːtə(r)]
loção (f)	lotion	['ləʊʃən]
colônia (f)	cologne	[kə'ləʊn]

sombra (f) de olhos	eyeshadow	['aıʃædəʊ]
delineador (m)	eyeliner	['aı,laınə(r)]
máscara (f), rímel (m)	mascara	[mæs'kɑːrə]

batom (m)	lipstick	['lıpstık]
esmalte (m)	nail polish	['neıl ,pɒlıʃ]
laquê (m), spray fixador (m)	hair spray	['heəspreı]
desodorante (m)	deodorant	[di:'əʊdərənt]

creme (m)	cream	[kri:m]
creme (m) de rosto	face cream	['feıs ,kri:m]
creme (m) de mãos	hand cream	['hænd,kri:m]
creme (m) antirrugas	anti-wrinkle cream	['æntı 'rıŋkəl kri:m]
creme (m) de dia	day cream	['deı ,kri:m]
creme (m) de noite	night cream	['naıt ,kri:m]

absorvente (m) interno	tampon	['tæmpɒn]
papel (m) higiênico	toilet paper	['tɔılıt 'peıpə(r)]
secador (m) de cabelo	hair dryer	['heə,draıə(r)]

39. Joalheria

joias (f pl)	jewelry	['dʒu:əlrı]
precioso (adj)	precious	['preʃəs]
marca (f) de contraste	hallmark stamp	['hɔːlmɑːk stæmp]

anel (m)	ring	[rıŋ]
aliança (f)	wedding ring	['wedıŋ rıŋ]
pulseira (f)	bracelet	['breıslıt]

brincos (m pl)	earrings	['ıərıŋz]
colar (m)	necklace	['neklıs]
coroa (f)	crown	[kraʊn]
colar (m) de contas	bead necklace	[bi:d 'neklıs]

diamante (m)	diamond	['daıəmənd]
esmeralda (f)	emerald	['emərəld]

rubi (m)	ruby	['ruːbɪ]
safira (f)	sapphire	['sæfaɪə(r)]
pérola (f)	pearl	[pɜːl]
âmbar (m)	amber	['æmbə(r)]

40. Relógios de pulso. Relógios

relógio (m) de pulso	watch	[wɒtʃ]
mostrador (m)	dial	['daɪəl]
ponteiro (m)	hand	[hænd]
bracelete (em aço)	bracelet	['breɪslɪt]
bracelete (em couro)	watch strap	[wɒtʃ stræp]
pilha (f)	battery	['bætərɪ]
acabar (vi)	to be dead	[tə bi ded]
trocar a pilha	to change a battery	[tə tʃeɪndʒ ə 'bætərɪ]
estar adiantado	to run fast	[tə rʌn fɑːst]
estar atrasado	to run slow	[tə rʌn sləu]
relógio (m) de parede	wall clock	['wɔːl ˌklɒk]
ampulheta (f)	hourglass	['auəglɑːs]
relógio (m) de sol	sundial	['sʌndaɪəl]
despertador (m)	alarm clock	[ə'lɑːm klɒk]
relojoeiro (m)	watchmaker	['wɒtʃˌmeɪkə(r)]
reparar (vt)	to repair (vt)	[tə rɪ'peə(r)]

Alimentação. Nutrição

41. Comida

carne (f)	meat	[miːt]
galinha (f)	chicken	['ʧɪkɪn]
frango (m)	Rock Cornish hen	[rɒk 'kɔːnɪʃ hen]
pato (m)	duck	[dʌk]
ganso (m)	goose	[guːs]
caça (f)	game	[geɪm]
peru (m)	turkey	['tɜːkɪ]

carne (f) de porco	pork	[pɔːk]
carne (f) de vitela	veal	[viːl]
carne (f) de carneiro	lamb	[læm]
carne (f) de vaca	beef	[biːf]
carne (f) de coelho	rabbit	['ræbɪt]

linguiça (f), salsichão (m)	sausage	['sɒsɪʤ]
salsicha (f)	vienna sausage	[vɪ'enə 'sɒsɪʤ]
bacon (m)	bacon	['beɪkən]
presunto (m)	ham	[hæm]
pernil (m) de porco	gammon	['gæmən]

patê (m)	pâté	['pæteɪ]
fígado (m)	liver	['lɪvə(r)]
guisado (m)	hamburger	['hæmbɜːgə(r)]
língua (f)	tongue	[tʌŋ]

ovo (m)	egg	[eg]
ovos (m pl)	eggs	[egz]
clara (f) de ovo	egg white	['eg ˌwaɪt]
gema (f) de ovo	egg yolk	['eg ˌjəʊk]

peixe (m)	fish	[fɪʃ]
mariscos (m pl)	seafood	['siːfuːd]
crustáceos (m pl)	crustaceans	[krʌ'steɪʃənz]
caviar (m)	caviar	['kævɪɑː(r)]

caranguejo (m)	crab	[kræb]
camarão (m)	shrimp	[ʃrɪmp]
ostra (f)	oyster	['ɔɪstə(r)]
lagosta (f)	spiny lobster	['spaɪnɪ 'lɒbstə(r)]
polvo (m)	octopus	['ɒktəpəs]
lula (f)	squid	[skwɪd]

esturjão (m)	sturgeon	['stɜːʤən]
salmão (m)	salmon	['sæmən]
halibute (m)	halibut	['hælɪbət]
bacalhau (m)	cod	[kɒd]

cavala, sarda (f)	mackerel	['mækərəl]
atum (m)	tuna	['tu:nə]
enguia (f)	eel	[i:l]

truta (f)	trout	[traʊt]
sardinha (f)	sardine	[sɑ:'di:n]
lúcio (m)	pike	[paɪk]
arenque (m)	herring	['herɪŋ]

pão (m)	bread	[bred]
queijo (m)	cheese	[ʧi:z]
açúcar (m)	sugar	['ʃʊgə(r)]
sal (m)	salt	[sɔ:lt]

arroz (m)	rice	[raɪs]
massas (f pl)	pasta	['pæstə]
talharim, miojo (m)	noodles	['nu:dəlz]

manteiga (f)	butter	['bʌtə(r)]
óleo (m) vegetal	vegetable oil	['vedʒtəbəl ɔɪl]
óleo (m) de girassol	sunflower oil	['sʌnˌflaʊə ɔɪl]
margarina (f)	margarine	[ˌmɑ:dʒə'ri:n]

azeitonas (f pl)	olives	['ɒlɪvz]
azeite (m)	olive oil	['ɒlɪv ˌɔɪl]

leite (m)	milk	[mɪlk]
leite (m) condensado	condensed milk	[kən'denst mɪlk]
iogurte (m)	yogurt	['jəʊgərt]
creme (m) azedo	sour cream	['saʊə ˌkri:m]
creme (m) de leite	cream	[kri:m]

maionese (f)	mayonnaise	[ˌmeɪə'neɪz]
creme (m)	buttercream	['bʌtəˌkri:m]

grãos (m pl) de cereais	groats	[grəʊts]
farinha (f)	flour	['flaʊə(r)]
enlatados (m pl)	canned food	[kænd fu:d]

flocos (m pl) de milho	cornflakes	['kɔ:nfleɪks]
mel (m)	honey	['hʌnɪ]
geleia (m)	jam	[dʒæm]
chiclete (m)	chewing gum	['ʧu:ɪŋ ˌgʌm]

42. Bebidas

água (f)	water	['wɔ:tə(r)]
água (f) potável	drinking water	['drɪŋkɪŋ 'wɔ:tə(r)]
água (f) mineral	mineral water	['mɪnərəl 'wɔ:tə(r)]

sem gás (adj)	still	[stɪl]
gaseificada (adj)	carbonated	['kɑ:bəneɪtɪd]
com gás	sparkling	['spɑ:klɪŋ]
gelo (m)	ice	[aɪs]

com gelo	with ice	[wɪð aɪs]
não alcoólico (adj)	non-alcoholic	[nɒn ˌælkə'hɒlɪk]
refrigerante (m)	soft drink	[sɒft drɪŋk]
refresco (m)	refreshing drink	[rɪ'freʃɪŋ drɪŋk]
limonada (f)	lemonade	[ˌlemə'neɪd]

bebidas (f pl) alcoólicas	liquors	['lɪkəz]
vinho (m)	wine	[waɪn]
vinho (m) branco	white wine	['waɪt ˌwaɪn]
vinho (m) tinto	red wine	['red ˌwaɪn]

licor (m)	liqueur	[lɪ'kjʊə(r)]
champanhe (m)	champagne	[ʃæm'peɪn]
vermute (m)	vermouth	[vɜ:'mu:θ]

uísque (m)	whiskey	['wɪskɪ]
vodca (f)	vodka	['vɒdkə]
gim (m)	gin	[dʒɪn]
conhaque (m)	cognac	['kɒnjæk]
rum (m)	rum	[rʌm]

café (m)	coffee	['kɒfɪ]
café (m) preto	black coffee	[blæk 'kɒfɪ]
café (m) com leite	coffee with milk	['kɒfɪ wɪð mɪlk]
cappuccino (m)	cappuccino	[ˌkæpʊ'tʃi:nəʊ]
café (m) solúvel	instant coffee	['ɪnstənt 'kɒfɪ]

leite (m)	milk	[mɪlk]
coquetel (m)	cocktail	['kɒkteɪl]
batida (f), milkshake (m)	milkshake	['mɪlk ʃeɪk]

suco (m)	juice	[dʒu:s]
suco (m) de tomate	tomato juice	[tə'meɪtəʊ dʒu:s]
suco (m) de laranja	orange juice	['ɒrɪndʒ ˌdʒu:s]
suco (m) fresco	freshly squeezed juice	['freʃlɪ skwi:zd dʒu:s]

cerveja (f)	beer	[bɪə(r)]
cerveja (f) clara	light beer	[ˌlaɪt 'bɪə(r)]
cerveja (f) preta	dark beer	['dɑ:k ˌbɪə(r)]

chá (m)	tea	[ti:]
chá (m) preto	black tea	[blæk ti:]
chá (m) verde	green tea	['gri:n ˌti:]

43. Vegetais

| vegetais (m pl) | vegetables | ['vedʒtəbəlz] |
| verdura (f) | greens | [gri:nz] |

tomate (m)	tomato	[tə'meɪtəʊ]
pepino (m)	cucumber	['kju:kʌmbə(r)]
cenoura (f)	carrot	['kærət]
batata (f)	potato	[pə'teɪtəʊ]
cebola (f)	onion	['ʌnjən]

alho (m)	garlic	['gɑːlɪk]
couve (f)	cabbage	['kæbɪdʒ]
couve-flor (f)	cauliflower	['kɒlɪˌflaʊə(r)]
couve-de-bruxelas (f)	Brussels sprouts	['brʌsəlz ˌspraʊts]
brócolis (m pl)	broccoli	['brɒkəlɪ]

beterraba (f)	beet	[biːt]
berinjela (f)	eggplant	['egplɑːnt]
abobrinha (f)	zucchini	[zuːˈkiːnɪ]
abóbora (f)	pumpkin	['pʌmpkɪn]
nabo (m)	turnip	['tɜːnɪp]

salsa (f)	parsley	['pɑːslɪ]
endro, aneto (m)	dill	[dɪl]
alface (f)	lettuce	['letɪs]
aipo (m)	celery	['selərɪ]
aspargo (m)	asparagus	[əˈspærəgəs]
espinafre (m)	spinach	['spɪnɪdʒ]

ervilha (f)	pea	[piː]
feijão (~ soja, etc.)	beans	[biːnz]
milho (m)	corn	[kɔːn]
feijão (m) roxo	kidney bean	['kɪdnɪ biːn]

pimentão (m)	bell pepper	[bel 'pepə(r)]
rabanete (m)	radish	['rædɪʃ]
alcachofra (f)	artichoke	['ɑːtɪtʃəʊk]

44. Frutos. Nozes

fruta (f)	fruit	[fruːt]
maçã (f)	apple	['æpəl]
pera (f)	pear	[peə(r)]
limão (m)	lemon	['lemən]
laranja (f)	orange	['ɒrɪndʒ]
morango (m)	strawberry	['strɔːbərɪ]

tangerina (f)	mandarin	['mændərɪn]
ameixa (f)	plum	[plʌm]
pêssego (m)	peach	[piːtʃ]
damasco (m)	apricot	['eɪprɪkɒt]
framboesa (f)	raspberry	['rɑːzbərɪ]
abacaxi (m)	pineapple	['paɪnˌæpəl]

banana (f)	banana	[bəˈnɑːnə]
melancia (f)	watermelon	['wɔːtəˌmelən]
uva (f)	grape	[greɪp]
ginja (f)	sour cherry	['saʊə 'tʃerɪ]
cereja (f)	sweet cherry	[swiːt 'tʃerɪ]
melão (m)	melon	['melən]

toranja (f)	grapefruit	['greɪpfruːt]
abacate (m)	avocado	[ˌævəˈkɑːdəʊ]
mamão (m)	papaya	[pəˈpaɪə]

| manga (f) | mango | ['mæŋgəu] |
| romã (f) | pomegranate | ['pɒmɪ,grænɪt] |

groselha (f) vermelha	redcurrant	['redkʌrənt]
groselha (f) negra	blackcurrant	[,blæk'kʌrənt]
groselha (f) espinhosa	gooseberry	['guzbərɪ]
mirtilo (m)	bilberry	['bɪlbərɪ]
amora (f) silvestre	blackberry	['blækbərɪ]

passa (f)	raisin	['reɪzən]
figo (m)	fig	[fɪg]
tâmara (f)	date	[deɪt]

amendoim (m)	peanut	['piːnʌt]
amêndoa (f)	almond	['ɑːmənd]
noz (f)	walnut	['wɔːlnʌt]
avelã (f)	hazelnut	['heɪzəlnʌt]
coco (m)	coconut	['kəukənʌt]
pistaches (m pl)	pistachios	[pɪ'stɑːʃɪəus]

45. Pão. Bolaria

pastelaria (f)	confectionery	[kən'fekʃənərɪ]
pão (m)	bread	[bred]
biscoito (m), bolacha (f)	cookies	['kukɪz]

chocolate (m)	chocolate	['ʧɒkələt]
de chocolate	chocolate	['ʧɒkələt]
bala (f)	candy	['kændɪ]
doce (bolo pequeno)	cake	[keɪk]
bolo (m) de aniversário	cake	[keɪk]

| torta (f) | pie | [paɪ] |
| recheio (m) | filling | ['fɪlɪŋ] |

geleia (m)	jam	[dʒæm]
marmelada (f)	marmalade	['mɑːməleɪd]
wafers (m pl)	wafers	['weɪfəz]
sorvete (m)	ice-cream	[aɪs kriːm]
pudim (m)	pudding	['pudɪŋ]

46. Pratos cozinhados

prato (m)	course, dish	[kɔːs], [dɪʃ]
cozinha (~ portuguesa)	cuisine	[kwɪ'ziːn]
receita (f)	recipe	['resɪpɪ]
porção (f)	portion	['pɔːʃən]

salada (f)	salad	['sæləd]
sopa (f)	soup	[suːp]
caldo (m)	clear soup	[,klɪə 'suːp]
sanduíche (m)	sandwich	['sænwɪdʒ]

ovos (m pl) fritos	fried eggs	['fraɪd ˌegz]
hambúrguer (m)	hamburger	['hæmbɜ:gə(r)]
bife (m)	steak	[steɪk]

acompanhamento (m)	side dish	[saɪd dɪʃ]
espaguete (m)	spaghetti	[spə'getɪ]
purê (m) de batata	mashed potatoes	[mæʃt pə'teɪtəʊz]
pizza (f)	pizza	['pi:tsə]
mingau (m)	porridge	['pɒrɪdʒ]
omelete (f)	omelet	['ɒmlɪt]

fervido (adj)	boiled	['bɔɪld]
defumado (adj)	smoked	[sməʊkt]
frito (adj)	fried	[fraɪd]
seco (adj)	dried	[draɪd]
congelado (adj)	frozen	['frəʊzən]
em conserva (adj)	pickled	['pɪkəld]

doce (adj)	sweet	[swi:t]
salgado (adj)	salty	['sɔ:ltɪ]
frio (adj)	cold	[kəʊld]
quente (adj)	hot	[hɒt]
amargo (adj)	bitter	['bɪtə(r)]
gostoso (adj)	tasty	['teɪstɪ]

cozinhar em água fervente	to cook in boiling water	[tə kʊk in 'bɔɪlɪŋ 'wɔ:tə]
preparar (vt)	to cook (vt)	[tə kʊk]
fritar (vt)	to fry (vt)	[tə fraɪ]
aquecer (vt)	to heat up	[tə hi:t ʌp]

salgar (vt)	to salt (vt)	[tə sɔ:lt]
apimentar (vt)	to pepper (vt)	[tə 'pepə(r)]
ralar (vt)	to grate (vt)	[tə greɪt]
casca (f)	peel	[pi:l]
descascar (vt)	to peel (vt)	[tə pi:l]

47. Especiarias

sal (m)	salt	[sɔ:lt]
salgado (adj)	salty	['sɔ:ltɪ]
salgar (vt)	to salt (vt)	[tə sɔ:lt]

pimenta-do-reino (f)	black pepper	[blæk 'pepə(r)]
pimenta (f) vermelha	red pepper	[red 'pepə(r)]
mostarda (f)	mustard	['mʌstəd]
raiz-forte (f)	horseradish	['hɔ:sˌrædɪʃ]

condimento (m)	condiment	['kɒndɪmənt]
especiaria (f)	spice	[spaɪs]
molho (~ inglês)	sauce	[sɔ:s]
vinagre (m)	vinegar	['vɪnɪgə(r)]

anis estrelado (m)	anise	['ænɪs]
manjericão (m)	basil	['beɪzəl]

cravo (m)	cloves	[kləʊvz]
gengibre (m)	ginger	['dʒɪndʒə(r)]
coentro (m)	coriander	[ˌkɒrɪ'ændə(r)]
canela (f)	cinnamon	['sɪnəmən]

gergelim (m)	sesame	['sesəmɪ]
folha (f) de louro	bay leaf	[beɪ liːf]
páprica (f)	paprika	['pæprɪkə]
cominho (m)	caraway	['kærəweɪ]
açafrão (m)	saffron	['sæfrən]

48. Refeições

comida (f)	food	[fuːd]
comer (vt)	to eat (vi, vt)	[tə iːt]

café (m) da manhã	breakfast	['brekfəst]
tomar café da manhã	to have breakfast	[tə hæv 'brekfəst]
almoço (m)	lunch	[lʌntʃ]
almoçar (vi)	to have lunch	[tə hæv lʌntʃ]
jantar (m)	dinner	['dɪnə(r)]
jantar (vi)	to have dinner	[tə hæv 'dɪnə(r)]

apetite (m)	appetite	['æpɪtaɪt]
Bom apetite!	Enjoy your meal!	[ɪn'dʒɔɪ jɔː ˌmiːl]

abrir (~ uma lata, etc.)	to open (vt)	[tə 'əʊpən]
derramar (~ líquido)	to spill (vt)	[tə spɪl]
derramar-se (vr)	to spill out (vi)	[tə spɪl aʊt]

ferver (vi)	to boil (vi)	[tə bɔɪl]
ferver (vt)	to boil (vt)	[tə bɔɪl]
fervido (adj)	boiled	['bɔɪld]

esfriar (vt)	to chill, cool down (vt)	[tə tʃɪl], [kuːl daʊn]
esfriar-se (vr)	to chill (vi)	[tə tʃɪl]

sabor, gosto (m)	taste, flavor	[teɪst], ['fleɪvə(r)]
fim (m) de boca	aftertaste	['ɑːftəteɪst]

emagrecer (vi)	to slim down	[tə slɪm daʊn]
dieta (f)	diet	['daɪət]
vitamina (f)	vitamin	['vaɪtəmɪn]
caloria (f)	calorie	['kælərɪ]

vegetariano (m)	vegetarian	[ˌvedʒɪ'teərɪən]
vegetariano (adj)	vegetarian	[ˌvedʒɪ'teərɪən]

gorduras (f pl)	fats	[fæts]
proteínas (f pl)	proteins	['prəʊtiːnz]
carboidratos (m pl)	carbohydrates	[ˌkɑːbəʊ'haɪdreɪts]
fatia (~ de limão, etc.)	slice	[slaɪs]
pedaço (~ de bolo)	piece	[piːs]
migalha (f), farelo (m)	crumb	[krʌm]

49. Por a mesa

colher (f)	spoon	[spu:n]
faca (f)	knife	[naɪf]
garfo (m)	fork	[fɔ:k]
xícara (f)	cup	[kʌp]
prato (m)	plate	[pleɪt]
pires (m)	saucer	['sɔ:sə(r)]
guardanapo (m)	napkin	['næpkɪn]
palito (m)	toothpick	['tu:θpɪk]

50. Restaurante

restaurante (m)	restaurant	['restrɒnt]
cafeteria (f)	coffee house	['kɒfɪ ˌhaʊs]
bar (m), cervejaria (f)	pub, bar	[pʌb], [bɑ:(r)]
salão (m) de chá	tearoom	['ti:rʊm]
garçom (m)	waiter	['weɪtə(r)]
garçonete (f)	waitress	['weɪtrɪs]
barman (m)	bartender	['bɑ:rˌtendə(r)]
cardápio (m)	menu	['menju:]
lista (f) de vinhos	wine list	['waɪn lɪst]
reservar uma mesa	to book a table	[tə bʊk ə 'teɪbəl]
prato (m)	course, dish	[kɔ:s], [dɪʃ]
pedir (vt)	to order (vi, vt)	[tə 'ɔ:də(r)]
fazer o pedido	to make an order	[tə meɪk ən 'ɔ:də(r)]
aperitivo (m)	aperitif	[əperə'ti:f]
entrada (f)	appetizer	['æpɪtaɪzə(r)]
sobremesa (f)	dessert	[dɪ'zɜ:t]
conta (f)	check	[ʧek]
pagar a conta	to pay the check	[tə peɪ ðə ʧek]
dar o troco	to give change	[tə gɪv 'ʧeɪnʤ]
gorjeta (f)	tip	[tɪp]

Família, parentes e amigos

51. Informação pessoal. Formulários

nome (m)	name, first name	[neɪm], ['fɜːst,neɪm]
sobrenome (m)	surname, last name	['sɜːneɪm], [lɑːst neɪm]
data (f) de nascimento	date of birth	[deɪt əv bɜːθ]
local (m) de nascimento	place of birth	[ˌpleɪs əv 'bɜːθ]
nacionalidade (f)	nationality	[ˌnæʃə'næləti]
lugar (m) de residência	place of residence	[ˌpleɪs əv 'rezɪdəns]
país (m)	country	['kʌntrɪ]
profissão (f)	profession	[prə'feʃən]
sexo (m)	gender, sex	['dʒendə(r)], [seks]
estatura (f)	height	[haɪt]
peso (m)	weight	[weɪt]

52. Membros da família. Parentes

mãe (f)	mother	['mʌðə(r)]
pai (m)	father	['fɑːðə(r)]
filho (m)	son	[sʌn]
filha (f)	daughter	['dɔːtə(r)]
caçula (f)	younger daughter	[ˌjʌŋgə 'dɔːtə(r)]
caçula (m)	younger son	[ˌjʌŋgə 'sʌn]
filha (f) mais velha	eldest daughter	['eldɪst 'dɔːtə(r)]
filho (m) mais velho	eldest son	['eldɪst sʌn]
irmão (m)	brother	['brʌðə(r)]
irmã (f)	sister	['sɪstə(r)]
primo (m)	cousin	['kʌzən]
prima (f)	cousin	['kʌzən]
mamãe (f)	mom, mommy	[mɒm], ['mɒmɪ]
papai (m)	dad, daddy	[dæd], ['dædɪ]
pais (pl)	parents	['peərənts]
criança (f)	child	[tʃaɪld]
crianças (f pl)	children	['tʃɪldrən]
avó (f)	grandmother	['græn,mʌðə(r)]
avô (m)	grandfather	['grænd,fɑːðə(r)]
neto (m)	grandson	['grænsʌn]
neta (f)	granddaughter	['græn,dɔːtə(r)]
netos (pl)	grandchildren	['græn,tʃɪldrən]
tio (m)	uncle	['ʌŋkəl]
tia (f)	aunt	[ɑːnt]

sobrinho (m)	nephew	['nefjuː]
sobrinha (f)	niece	[niːs]

sogra (f)	mother-in-law	['mʌðər ɪn 'lɔː]
sogro (m)	father-in-law	['fɑːðə ɪn ˌlɔː]
genro (m)	son-in-law	['sʌn ɪn ˌlɔː]
madrasta (f)	stepmother	['stepˌmʌðə(r)]
padrasto (m)	stepfather	['stepˌfɑːðə(r)]

criança (f) de colo	infant	['ɪnfənt]
bebê (m)	baby	['beɪbɪ]
menino (m)	little boy	['lɪtəl ˌbɔɪ]

mulher (f)	wife	[waɪf]
marido (m)	husband	['hʌzbənd]

casado (adj)	married	['mærɪd]
casada (adj)	married	['mærɪd]
solteiro (adj)	single	['sɪŋgəl]
solteirão (m)	bachelor	['bætʃələ(r)]
divorciado (adj)	divorced	[dɪ'vɔːst]
viúva (f)	widow	['wɪdəʊ]
viúvo (m)	widower	['wɪdəʊə(r)]

parente (m)	relative	['relətɪv]
parente (m) próximo	close relative	[ˌkləʊs 'relətɪv]
parente (m) distante	distant relative	['dɪstənt 'relətɪv]
parentes (m pl)	relatives	['relətɪvz]

órfão (m), órfã (f)	orphan	['ɔːfən]
tutor (m)	guardian	['gɑːdjən]
adotar (um filho)	to adopt (vt)	[tə ə'dɒpt]
adotar (uma filha)	to adopt (vt)	[tə ə'dɒpt]

53. Amigos. Colegas de trabalho

amigo (m)	friend	[frend]
amiga (f)	friend, girlfriend	[frend], ['gɜːlfrend]
amizade (f)	friendship	['frendʃɪp]
ser amigos	to be friends	[tə bi frendz]

amigo (m)	buddy	['bʌdɪ]
amiga (f)	buddy	['bʌdɪ]
parceiro (m)	partner	['pɑːtnə(r)]

chefe (m)	chief	[tʃiːf]
superior (m)	boss, superior	[bɒs], [suː'pɪərɪə(r)]
subordinado (m)	subordinate	[sə'bɔːdɪnət]
colega (m, f)	colleague	['kɒliːg]

conhecido (m)	acquaintance	[ə'kweɪntəns]
companheiro (m) de viagem	fellow traveler	['feləʊ 'trævələ(r)]
colega (m) de classe	classmate	['klɑːsmeɪt]
vizinho (m)	neighbor	['neɪbə(r)]

| vizinha (f) | neighbor | ['neɪbə(r)] |
| vizinhos (pl) | neighbors | ['neɪbəz] |

54. Homem. Mulher

mulher (f)	woman	['wʊmən]
menina (f)	girl, young woman	[gɜːl], [ˌjʌŋ 'wʊmən]
noiva (f)	bride, fiancée	[braɪd], [fɪ'ɒnseɪ]

bonita, bela (adj)	beautiful	['bjuːtɪfʊl]
alta (adj)	tall	[tɔːl]
esbelta (adj)	slender	['slendə(r)]
baixa (adj)	short	[ʃɔːt]

| loira (f) | blonde | [blɒnd] |
| morena (f) | brunette | [bruːˈnet] |

de senhora	ladies'	['leɪdɪz]
virgem (f)	virgin	['vɜːdʒɪn]
grávida (adj)	pregnant	['pregnənt]

homem (m)	man	[mæn]
loiro (m)	blond	[blɒnd]
moreno (m)	brunet	[bruːˈnet]
alto (adj)	tall	[tɔːl]
baixo (adj)	short	[ʃɔːt]

rude (adj)	rude	[ruːd]
atarracado (adj)	stocky	['stɒkɪ]
robusto (adj)	robust	[rəʊ'bʌst]
forte (adj)	strong	[strɒŋ]
força (f)	strength	[streŋθ]

gordo (adj)	stout, fat	[staʊt], [fæt]
moreno (adj)	swarthy	['swɔːðɪ]
esbelto (adj)	slender	['slendə(r)]
elegante (adj)	elegant	['elɪgənt]

55. Idade

idade (f)	age	[eɪdʒ]
juventude (f)	youth	[juːθ]
jovem (adj)	young	[jʌŋ]

| mais novo (adj) | younger | ['jʌŋgə(r)] |
| mais velho (adj) | older | [əʊldə] |

| jovem (m) | young man | [jʌŋ mæn] |
| rapaz (m) | guy, fellow | [gaɪ], ['feləʊ] |

| velho (m) | old man | ['əʊld ˌmæn] |
| velha (f) | old woman | ['əʊld ˌwʊmən] |

adulto	adult	[æd'ʌlt]
de meia-idade	middle-aged	[ˌmɪdl 'eɪʤd]
idoso, de idade (adj)	elderly	['eldəlɪ]
velho (adj)	old	[əʊld]

| aposentar-se (vr) | to retire (vi) | [tə rɪ'taɪə(r)] |
| aposentado (m) | retiree | [ˌrɪtaɪə'riː] |

56. Crianças

criança (f)	child	[ʧaɪld]
crianças (f pl)	children	['ʧɪldrən]
gêmeos (m pl), gêmeas (f pl)	twins	[twɪnz]

berço (m)	cradle	['kreɪdəl]
chocalho (m)	rattle	['rætəl]
fralda (f)	diaper	['daɪəpə(r)]

chupeta (f), bico (m)	pacifier	['pæsɪfaɪə(r)]
carrinho (m) de bebê	baby carriage	['beɪbɪ 'kærɪʤ]
jardim (m) de infância	kindergarten	['kɪndəˌgɑːtən]
babysitter, babá (f)	babysitter	['beɪbɪ 'sɪtə(r)]

infância (f)	childhood	['ʧaɪldhʊd]
boneca (f)	doll	[dɒl]
brinquedo (m)	toy	[tɔɪ]
jogo (m) de montar	construction set	[kən'strʌkʃən set]

bem-educado (adj)	well-bred	[wel bred]
malcriado (adj)	ill-bred	['ɪlˌbred]
mimado (adj)	spoiled	[spɔɪlt]

ser travesso	to be naughty	[tə bi 'nɔːtɪ]
travesso, traquinas (adj)	mischievous	['mɪsʧɪvəs]
travessura (f)	mischievousness	['mɪsʧɪvəsnɪs]
criança (f) travessa	mischievous child	['mɪsʧɪvəs ʧaɪld]

| obediente (adj) | obedient | [ə'biːdjənt] |
| desobediente (adj) | disobedient | [ˌdɪsə'biːdjənt] |

dócil (adj)	docile	['dɒsəl]
inteligente (adj)	clever	['klevə(r)]
prodígio (m)	child prodigy	[ʧaɪld 'prɒdɪʤɪ]

57. Casais. Vida de família

beijar (vt)	to kiss (vt)	[tə kɪs]
beijar-se (vr)	to kiss (vi)	[tə kɪs]
família (f)	family	['fæmlɪ]
familiar (vida ~)	family	['fæmlɪ]
casal (m)	couple	['kʌpəl]
matrimônio (m)	marriage	['mærɪʤ]

lar (m)	hearth	[hɑ:θ]
dinastia (f)	dynasty	['daɪnəstɪ]
encontro (m)	date	[deɪt]
beijo (m)	kiss	[kɪs]
amor (m)	love	[lʌv]
amar (pessoa)	to love (vt)	[tə lʌv]
amado, querido (adj)	beloved	[bɪ'lʌvd]
ternura (f)	tenderness	['tendənɪs]
afetuoso (adj)	tender	['tendə(r)]
fidelidade (f)	faithfulness	['feɪθfʊlnɪs]
fiel (adj)	faithful	['feɪθfʊl]
recém-casados (pl)	newlyweds	['nju:lɪwedz]
lua (f) de mel	honeymoon	['hʌnɪmu:n]
casar-se (com um homem)	to get married	[tə get 'mærɪd]
casar-se (com uma mulher)	to get married	[tə get 'mærɪd]
casamento (m)	wedding	['wedɪŋ]
bodas (f pl) de ouro	golden wedding	['gəʊldən 'wedɪŋ]
aniversário (m)	anniversary	[ænɪ'vɜ:sərɪ]
amante (m)	lover	['lʌvə(r)]
amante (f)	mistress	['mɪstrɪs]
adultério (m), traição (f)	adultery	[ə'dʌltərɪ]
cometer adultério	to cheat on ...	[tə tʃi:t ɒn]
ciumento (adj)	jealous	['dʒeləs]
ser ciumento, -a	to be jealous	[tə bi 'dʒeləs]
divórcio (m)	divorce	[dɪ'vɔ:s]
divorciar-se (vr)	to divorce (vi)	[tə dɪ'vɔ:s]
brigar (discutir)	to quarrel (vi)	[tə 'kwɒrəl]
fazer as pazes	to be reconciled	[tə bi: 'rekənsaɪld]
juntos (ir ~)	together	[tə'geðə(r)]
sexo (m)	sex	[seks]
felicidade (f)	happiness	['hæpɪnɪs]
feliz (adj)	happy	['hæpɪ]
infelicidade (f)	misfortune	[ˌmɪs'fɔ:tʃu:n]
infeliz (adj)	unhappy	[ʌn'hæpɪ]

Caráter. Sentimentos. Emoções

58. Sentimentos. Emoções

sentimento (m)	feeling	['fi:lɪŋ]
sentimentos (m pl)	feelings	['fi:lɪŋz]
sentir (vt)	to feel (vt)	[tə fi:l]
fome (f)	hunger	['hʌŋgə(r)]
ter fome	to be hungry	[tə bi 'hʌŋgrɪ]
sede (f)	thirst	[θɜːst]
ter sede	to be thirsty	[tə bi 'θɜːstɪ]
sonolência (f)	sleepiness	['sli:pɪnɪs]
estar sonolento	to feel sleepy	[tə fi:l 'sli:pɪ]
cansaço (m)	tiredness	['taɪədnɪs]
cansado (adj)	tired	['taɪəd]
ficar cansado	to get tired	[tə get 'taɪəd]
humor (m)	mood	[mu:d]
tédio (m)	boredom	['bɔːdəm]
entediar-se (vr)	to be bored	[tə bi bɔːd]
reclusão (isolamento)	seclusion	[sɪ'klu:ʒən]
isolar-se (vr)	to seclude oneself	[tə sɪ'klu:d wʌn'self]
preocupar (vt)	to worry (vt)	[tə 'wʌrɪ]
estar preocupado	to be worried	[tə bi 'wʌrɪd]
preocupação (f)	anxiety	[æŋ'zaɪətɪ]
preocupado (adj)	preoccupied	[ˌpri:'ɒkjʊpaɪd]
estar nervoso	to be nervous	[tə bi 'nɜːvəs]
entrar em pânico	to panic (vi)	[tə 'pænɪk]
esperança (f)	hope	[həʊp]
esperar (vt)	to hope (vi, vt)	[tə həʊp]
certeza (f)	certainty	['sɜːtəntɪ]
certo, seguro de ...	certain, sure	['sɜːtən], [ʃʊə(r)]
indecisão (f)	uncertainty	[ˌʌn'sɜːtənlɪ]
indeciso (adj)	uncertain	[ˌʌn'sɜːtən]
bêbado (adj)	drunk	[drʌŋk]
sóbrio (adj)	sober	['səʊbə(r)]
fraco (adj)	weak	[wi:k]
feliz (adj)	happy	['hæpɪ]
assustar (vt)	to scare (vt)	[tə skeə(r)]
ira, raiva (f)	rage	[reɪdʒ]
depressão (f)	depression	[dɪ'preʃən]
desconforto (m)	discomfort	[dɪs'kʌmfət]
conforto (m)	comfort	['kʌmfət]

arrepender-se (vr)	to regret (vi)	[tə rɪ'gret]
arrependimento (m)	regret	[rɪ'gret]
azar (m), má sorte (f)	bad luck	[bæd lʌk]
tristeza (f)	sadness	['sædnɪs]

vergonha (f)	shame	[ʃeɪm]
alegria (f)	gladness	['glædnɪs]
entusiasmo (m)	enthusiasm	[ɪn'θju:zɪæzəm]
entusiasta (m)	enthusiast	[ɪn'θju:zɪæst]
mostrar entusiasmo	to show enthusiasm	[tə ʃəʊ ɪn'θju:zɪæzəm]

59. Caráter. Personalidade

caráter (m)	character	['kærəktə(r)]
falha (f) de caráter	character flaw	['kærəktə flɔ:]
mente (f)	mind	[maɪnd]
razão (f)	reason	['ri:zən]

consciência (f)	conscience	['kɒnʃəns]
hábito, costume (m)	habit	['hæbɪt]
habilidade (f)	ability	[ə'bɪlətɪ]
saber (~ nadar, etc.)	can (v aux)	[kæn]

paciente (adj)	patient	['peɪʃənt]
impaciente (adj)	impatient	[ɪm'peɪʃənt]
curioso (adj)	curious	['kjʊərɪəs]
curiosidade (f)	curiosity	[kjʊərɪ'ɒsətɪ]

modéstia (f)	modesty	['mɒdɪstɪ]
modesto (adj)	modest	['mɒdɪst]
imodesto (adj)	immodest	[ɪ'mɒdɪst]

preguiçoso (adj)	lazy	['leɪzɪ]
preguiçoso (m)	lazy person	[ˌleɪzɪ 'pɜ:sən]

astúcia (f)	cunning	['kʌnɪŋ]
astuto (adj)	cunning	['kʌnɪŋ]
desconfiança (f)	distrust	[dɪs'trʌst]
desconfiado (adj)	distrustful	[dɪs'trʌstfʊl]

generosidade (f)	generosity	[dʒenə'rɒsətɪ]
generoso (adj)	generous	['dʒenərəs]
talentoso (adj)	talented	['tæləntɪd]
talento (m)	talent	['tælənt]

corajoso (adj)	courageous	[kə'reɪdʒəs]
coragem (f)	courage	['kʌrɪdʒ]
honesto (adj)	honest	['ɒnɪst]
honestidade (f)	honesty	['ɒnɪstɪ]

prudente, cuidadoso (adj)	careful	['keəfʊl]
valoroso (adj)	courageous	[kə'reɪdʒəs]
sério (adj)	serious	['sɪərɪəs]
severo (adj)	strict	[strɪkt]

decidido (adj)	decisive	[dɪ'saɪsɪv]
indeciso (adj)	indecisive	[ˌɪndɪ'saɪsɪv]
tímido (adj)	shy, timid	[ʃaɪ], ['tɪmɪd]
timidez (f)	shyness, timidity	['ʃaɪnɪs], [tɪ'mɪdətɪ]

confiança (f)	confidence	['kɒnfɪdəns]
confiar (vt)	to believe, to trust	[tə bɪ'li:v], [tə trʌst]
crédulo (adj)	trusting, naïve	['trʌstɪŋ], [naɪ'i:v]

sinceramente	sincerely	[sɪn'sɪəlɪ]
sincero (adj)	sincere	[sɪn'sɪə(r)]
sinceridade (f)	sincerity	[sɪn'serətɪ]

calmo (adj)	calm	[kɑːm]
franco (adj)	frank	[fræŋk]
ingênuo (adj)	naïve, naive	[naɪ'i:v]
distraído (adj)	absent-minded	['æbsənt 'maɪndɪd]
engraçado (adj)	funny	['fʌnɪ]

ganância (f)	greed	[gri:d]
ganancioso (adj)	greedy	['gri:dɪ]
mal (adj)	evil	['i:vəl]
teimoso (adj)	stubborn	['stʌbən]
desagradável (adj)	unpleasant	[ʌn'plezənt]

egoísta (m)	selfish person	['selfɪʃ 'pɜːsən]
egoísta (adj)	selfish	['selfɪʃ]
covarde (m)	coward	['kaʊəd]
covarde (adj)	cowardly	['kaʊədlɪ]

60. O sono. Sonhos

dormir (vi)	to sleep (vi)	[tə sli:p]
sono (m)	sleep, sleeping	[sli:p], [sli:pɪŋ]
sonho (m)	dream	[dri:m]
sonhar (ver sonhos)	to dream (vi)	[tə dri:m]
sonolento (adj)	sleepy	['sli:pɪ]

cama (f)	bed	[bed]
colchão (m)	mattress	['mætrɪs]
cobertor (m)	blanket	['blæŋkɪt]
travesseiro (m)	pillow	['pɪləʊ]
lençol (m)	sheet	[ʃi:t]

insônia (f)	insomnia	[ɪn'sɒmnɪə]
sem sono (adj)	sleepless	['sli:plɪs]
sonífero (m)	sleeping pill	['sli:pɪŋ pɪl]
tomar um sonífero	to take a sleeping pill	[tə ˌteɪk ə 'sli:pɪŋ pɪl]

estar sonolento	to feel sleepy	[tə fi:l 'sli:pɪ]
bocejar (vi)	to yawn (vi)	[tə jɔ:n]
ir para a cama	to go to bed	[tə gəʊ tə bed]
fazer a cama	to make up the bed	[tə 'meɪk ʌp ðə ˌbed]
adormecer (vi)	to fall asleep	[tə fɔ:l ə'sli:p]

pesadelo (m)	nightmare	['naɪtmeə(r)]
ronco (m)	snore, snoring	[snɔː(r)], ['snɔːrɪŋ]
roncar (vi)	to snore (vi)	[tə snɔː(r)]

despertador (m)	alarm clock	[ə'lɑːm klɒk]
acordar, despertar (vt)	to wake (vt)	[tə weɪk]
acordar (vi)	to wake up	[tə weɪk ʌp]
levantar-se (vr)	to get up	[tə get ʌp]
lavar-se (vr)	to wash up	[tə wɒʃ ʌp]

61. Humor. Riso. Alegria

humor (m)	humor	['hjuːmə(r)]
senso (m) de humor	sense of humor	[sens əv 'hjuːmə(r)]
divertir-se (vr)	to enjoy oneself	[tə ɪn'dʒɔɪ wʌn'self]
alegre (adj)	cheerful	['ʧɪəfʊl]
diversão (f)	merriment, gaiety	['merɪmənt], ['geɪətɪ]

sorriso (m)	smile	[smaɪl]
sorrir (vi)	to smile (vi)	[tə smaɪl]
começar a rir	to start laughing	[tə stɑːt 'lɑːfɪŋ]
rir (vi)	to laugh (vi)	[tə lɑːf]
riso (m)	laugh, laughter	[lɑːf], ['lɑːftə]

anedota (f)	anecdote	['ænɪkdəʊt]
engraçado (adj)	funny	['fʌnɪ]
ridículo, cômico (adj)	funny	['fʌnɪ]

brincar (vi)	to joke (vi)	[tə dʒəʊk]
piada (f)	joke	[dʒəʊk]
alegria (f)	joy	[dʒɔɪ]
regozijar-se (vr)	to rejoice (vi)	[tə rɪ'dʒɔɪs]
alegre (adj)	joyful	['dʒɔɪfʊl]

62. Discussão, conversação. Parte 1

comunicação (f)	communication	[kəˌmjuːnɪ'keɪʃən]
comunicar-se (vr)	to communicate (vi)	[tə kə'mjuːnɪkeɪt]

conversa (f)	conversation	[ˌkɒnvə'seɪʃən]
diálogo (m)	dialog	['daɪəlɒg]
discussão (f)	discussion	[dɪs'kʌʃən]
debate (m)	dispute	[dɪ'spjuːt]
debater (vt)	to dispute	[tə dɪ'spjuːt]

interlocutor (m)	interlocutor	[ˌɪntə'lɒkjʊtə(r)]
tema (m)	topic	['tɒpɪk]
ponto (m) de vista	point of view	['pɔɪnt əv ˌvjuː]
opinião (f)	opinion	[ə'pɪnjən]
discurso (m)	speech	[spiːʧ]
discussão (f)	discussion	[dɪs'kʌʃən]
discutir (vt)	to discuss (vt)	[tə dɪs'kʌs]

conversa (f)	**talk**	[tɔːk]
conversar (vi)	**to talk** (vi)	[tə 'tɔːk]
reunião (f)	**meeting**	['miːtɪŋ]
encontrar-se (vr)	**to meet** (vi, vt)	[tə miːt]
provérbio (m)	**proverb**	['prɒvɜːb]
ditado, provérbio (m)	**saying**	['seɪɪŋ]
adivinha (f)	**riddle**	['rɪdəl]
dizer uma adivinha	**to pose a riddle**	[tə pəʊz ə 'rɪdəl]
senha (f)	**password**	['pɑːswɜːd]
segredo (m)	**secret**	['siːkrɪt]
juramento (m)	**oath**	[əʊθ]
jurar (vi)	**to swear** (vi, vt)	[tə sweə(r)]
promessa (f)	**promise**	['prɒmɪs]
prometer (vt)	**to promise** (vt)	[tə 'prɒmɪs]
conselho (m)	**advice**	[əd'vaɪs]
aconselhar (vt)	**to advise** (vt)	[tə əd'vaɪz]
seguir o conselho	**to follow one's advice**	[tə 'fɒləʊ wʌns əd'vaɪs]
novidade, notícia (f)	**news**	[njuːz]
sensação (f)	**sensation**	[sen'seɪʃən]
informação (f)	**information**	[ˌɪnfə'meɪʃən]
conclusão (f)	**conclusion**	[kən'kluːʒən]
voz (f)	**voice**	[vɔɪs]
elogio (m)	**compliment**	['kɒmplɪmənt]
amável, querido (adj)	**kind**	[kaɪnd]
palavra (f)	**word**	[wɜːd]
frase (f)	**phrase**	[freɪz]
resposta (f)	**answer**	['ɑːnsə(r)]
verdade (f)	**truth**	[truːθ]
mentira (f)	**lie**	[laɪ]
pensamento (m)	**thought**	[θɔːt]
ideia (f)	**idea**	[aɪ'dɪə]
fantasia (f)	**fantasy**	['fæntəsɪ]

63. Discussão, conversação. Parte 2

estimado, respeitado (adj)	**respected**	[rɪ'spektɪd]
respeitar (vt)	**to respect** (vt)	[tə rɪ'spekt]
respeito (m)	**respect**	[rɪ'spekt]
Estimado ..., Caro ...	**Dear ...**	[dɪə(r)]
apresentar	**to introduce** (vt)	[tə ˌɪntrə'djuːs]
(alguém a alguém)		
conhecer (vt)	**to make acquaintance**	[tə meɪk ə'kweɪntəns]
intenção (f)	**intention**	[ɪn'tenʃən]
tencionar (~ fazer algo)	**to intend** (vi)	[tu ɪn'tend]
desejo (de boa sorte)	**wish**	[wɪʃ]

desejar (ex. ~ boa sorte)	to wish (vt)	[tə wɪʃ]
surpresa (f)	surprise	[sə'praɪz]
surpreender (vt)	to surprise (vt)	[tə sə'praɪz]
surpreender-se (vr)	to be surprised	[tə bi sə'praɪzd]
dar (vt)	to give (vt)	[tə gɪv]
pegar (tomar)	to take (vt)	[tə teɪk]
devolver (vt)	to give back	[tə‚gɪv bæk]
retornar (vt)	to return (vt)	[tə rɪ'tɜːn]
desculpar-se (vr)	to apologize (vi)	[tə ə'pɒlədʒaɪz]
desculpa (f)	apology	[ə'pɒlədʒɪ]
perdoar (vt)	to forgive (vt)	[tə fə'gɪv]
falar (vi)	to talk (vi)	[tə 'tɔːk]
escutar (vt)	to listen (vi)	[tə 'lɪsən]
ouvir até o fim	to hear ... out	[tə hɪə ... aʊt]
entender (compreender)	to understand (vt)	[tə‚ʌndə'stænd]
mostrar (vt)	to show (vt)	[tə ʃəʊ]
olhar para ...	to look at ...	[tə lʊk æt]
chamar (alguém para ...)	to call (vt)	[tə kɔːl]
perturbar, distrair (vt)	to distract (vt)	[tə dɪ'strækt]
perturbar (vt)	to disturb (vt)	[tə dɪ'stɜːb]
entregar (~ em mãos)	to pass (vt)	[tə pɑːs]
pedido (m)	demand	[dɪ'mɑːnd]
pedir (ex. ~ ajuda)	to request (vt)	[tə rɪ'kwest]
exigência (f)	demand	[dɪ'mɑːnd]
exigir (vt)	to demand (vt)	[tə dɪ'mɑːnd]
insultar (chamar nomes)	to tease (vt)	[tə tiːz]
zombar (vt)	to mock (vi, vt)	[tə mɒk]
zombaria (f)	mockery, derision	['mɒkərɪ], [dɪ'rɪʒən]
alcunha (f), apelido (m)	nickname	['nɪkneɪm]
insinuação (f)	insinuation	[ɪn‚sɪnjʊ'eɪʃən]
insinuar (vt)	to insinuate (vt)	[tə ɪn'sɪnjʊeɪt]
querer dizer	to mean (vt)	[tə miːn]
descrição (f)	description	[dɪ'skrɪpʃən]
descrever (vt)	to describe (vt)	[tə dɪ'skraɪb]
elogio (m)	praise	[preɪz]
elogiar (vt)	to praise (vt)	[tə preɪz]
desapontamento (m)	disappointment	[‚dɪsə'pɔɪntmənt]
desapontar (vt)	to disappoint (vt)	[tə ‚dɪsə'pɔɪnt]
desapontar-se (vr)	to be disappointed	[tə bi ‚dɪsə'pɔɪntɪd]
suposição (f)	supposition	[‚sʌpə'zɪʃən]
supor (vt)	to suppose (vt)	[tə sə'pəʊz]
advertência (f)	warning, caution	['wɔːnɪŋ], ['kɔːʃən]
advertir (vt)	to warn (vt)	[tə wɔːn]

64. Discussão, conversação. Parte 3

| convencer (vt) | to talk into | [tə 'tɔ:k 'ɪntʊ] |
| acalmar (vt) | to calm down (vt) | [tə kɑ:m daʊn] |

silêncio (o ~ é de ouro)	silence	['saɪləns]
ficar em silêncio	to be silent	[tə bi 'saɪlənt]
sussurrar (vt)	to whisper (vi, vt)	[tə 'wɪspə(r)]
sussurro (m)	whisper	['wɪspə(r)]

| francamente | frankly | ['fræŋklɪ] |
| na minha opinião ... | in my opinion ... | [ɪn 'maɪ ə,pɪnjən] |

detalhe (~ da história)	detail	[dɪ'teɪl]
detalhado (adj)	detailed	[dɪ'teɪld]
detalhadamente	in detail	[ɪn dɪ'teɪl]

| dica (f) | hint, clue | [hɪnt], [klu:] |
| dar uma dica | to give a hint | [tə gɪv ə hɪnt] |

olhar (m)	look	[lʊk]
dar uma olhada	to have a look	[tə ˌhæv ə 'lʊk]
fixo (olhada ~a)	fixed	[fɪkst]
piscar (vi)	to blink (vi)	[tə blɪŋk]
piscar (vt)	to wink (vi)	[tə wɪŋk]
acenar com a cabeça	to nod (vi)	[tə nɒd]

suspiro (m)	sigh	[saɪ]
suspirar (vi)	to sigh (vi)	[tə saɪ]
estremecer (vi)	to shudder (vi)	[tə 'ʃʌdə(r)]
gesto (m)	gesture	['dʒestʃə(r)]
tocar (com as mãos)	to touch (vt)	[tə tʌtʃ]
agarrar (~ pelo braço)	to seize (vt)	[tə si:z]
bater de leve	to tap (vt)	[tə tæp]

Cuidado!	Look out!	[lʊk 'aʊt]
Sério?	Really?	['rɪəlɪ]
Boa sorte!	Good luck!	[ˌgʊd 'lʌk]
Entendi!	I see!	[aɪ si:]
Que pena!	What a pity!	[wɒt ə 'pɪtɪ]

65. Acordo. Recusa

consentimento (~ mútuo)	consent	[kən'sent]
consentir (vi)	to consent (vi)	[tə kən'sent]
aprovação (f)	approval	[ə'pru:vəl]
aprovar (vt)	to approve (vt)	[tə ə'pru:v]
recusa (f)	refusal	[rɪ'fju:zəl]
negar-se a ...	to refuse (vi, vt)	[tə rɪ'fju:z]

Ótimo!	Great!	[greɪt]
Tudo bem!	All right!	[ˌɔ:l 'raɪt]
Está bem! De acordo!	Okay!	[ˌəʊ'keɪ]

proibido (adj)	forbidden	[fə'bɪdən]
é proibido	it's forbidden	[ɪts fə'bɪdən]
incorreto (adj)	incorrect	[ˌɪnkə'rekt]

rejeitar (~ um pedido)	to reject (vt)	[tə rɪ'dʒekt]
apoiar (vt)	to support (vt)	[tə sə'pɔːt]
aceitar (desculpas, etc.)	to accept (vt)	[tə ək'sept]

confirmar (vt)	to confirm (vt)	[tə kən'fɜːm]
confirmação (f)	confirmation	[ˌkɒnfə'meɪʃən]
permissão (f)	permission	[pə'mɪʃən]
permitir (vt)	to permit (vt)	[tə pə'mɪt]
decisão (f)	decision	[dɪ'sɪʒən]
não dizer nada	to say nothing	[tə seɪ 'nʌθɪŋ]

condição (com uma ~)	condition	[kən'dɪʃən]
pretexto (m)	excuse	[ɪk'skjuːs]
elogio (m)	praise	[preɪz]
elogiar (vt)	to praise (vt)	[tə preɪz]

66. Sucesso. Boa sorte. Insucesso

êxito, sucesso (m)	success	[sək'ses]
com êxito	successfully	[sək'sesfʊlɪ]
bem sucedido (adj)	successful	[sək'sesfʊl]

sorte (fortuna)	good luck	[ˌgʊd 'lʌk]
Boa sorte!	Good luck!	[ˌgʊd 'lʌk]
de sorte	lucky	['lʌkɪ]
sortudo, felizardo (adj)	lucky	['lʌkɪ]

fracasso (m)	failure	['feɪljə(r)]
pouca sorte (f)	misfortune	[ˌmɪs'fɔːtʃuːn]
azar (m), má sorte (f)	bad luck	[bæd lʌk]
mal sucedido (adj)	unsuccessful	[ˌʌnsək'sesfʊl]
catástrofe (f)	catastrophe	[kə'tæstrəfɪ]

orgulho (m)	pride	[praɪd]
orgulhoso (adj)	proud	[praʊd]
estar orgulhoso, -a	to be proud	[tə bi praʊd]

vencedor (m)	winner	['wɪnə(r)]
vencer (vi, vt)	to win (vi)	[tə wɪn]
perder (vt)	to lose (vi)	[tə luːz]
tentativa (f)	try	[traɪ]
tentar (vt)	to try (vi)	[tə traɪ]
chance (m)	chance	[tʃɑːns]

67. Conflitos. Emoções negativas

grito (m)	shout	[ʃaʊt]
gritar (vi)	to shout (vi)	[tə ʃaʊt]

começar a gritar	to start to cry out	[tə stɑːt tə kraɪ aʊt]
discussão (f)	quarrel	['kwɒrəl]
brigar (discutir)	to quarrel (vi)	[tə 'kwɒrəl]
escândalo (m)	fight	[faɪt]
criar escândalo	to make a scene	[tə meɪk ə 'siːn]
conflito (m)	conflict	['kɒnflɪkt]
mal-entendido (m)	misunderstanding	[ˌmɪsʌndə'stændɪŋ]

insulto (m)	insult	['ɪnsʌlt]
insultar (vt)	to insult (vt)	[tə ɪn'sʌlt]
insultado (adj)	insulted	[ɪn'sʌltɪd]
ofensa (f)	resentment	[rɪ'zentmənt]
ofender (vt)	to offend (vt)	[tə ə'fend]
ofender-se (vr)	to take offense	[tə ˌteɪk ə'fens]

indignação (f)	indignation	[ˌɪndɪg'neɪʃən]
indignar-se (vr)	to be indignant	[tə bi ɪn'dɪgnənt]
queixa (f)	complaint	[kəm'pleɪnt]
queixar-se (vr)	to complain (vi, vt)	[tə kəm'pleɪn]

desculpa (f)	apology	[ə'pɒlədʒɪ]
desculpar-se (vr)	to apologize (vi)	[tə ə'pɒlədʒaɪz]
pedir perdão	to beg pardon	[tə beg 'pɑːdən]

crítica (f)	criticism	['krɪtɪsɪzəm]
criticar (vt)	to criticize (vt)	[tə 'krɪtɪsaɪz]
acusação (f)	accusation	[ˌækjuː'zeɪʃən]
acusar (vt)	to accuse (vt)	[tə ə'kjuːz]

| vingança (f) | revenge | [rɪ'vendʒ] |
| vingar (vt) | to avenge (vt) | [tə ə'vendʒ] |

desprezo (m)	disdain	[dɪs'deɪn]
desprezar (vt)	to despise (vt)	[tə dɪ'spaɪz]
ódio (m)	hatred, hate	['heɪtrɪd], [heɪt]
odiar (vt)	to hate (vt)	[tə heɪt]

nervoso (adj)	nervous	['nɜːvəs]
estar nervoso	to be nervous	[tə bi 'nɜːvəs]
zangado (adj)	angry	['æŋgrɪ]
zangar (vt)	to make angry	[tə meɪk 'æŋgrɪ]

humilhação (f)	humiliation	[hjuːˌmɪlɪ'eɪʃən]
humilhar (vt)	to humiliate (vt)	[tə hjuː'mɪlɪeɪt]
humilhar-se (vr)	to humiliate oneself	[tə hjuː'mɪlɪeɪt wʌn'self]

| choque (m) | shock | [ʃɒk] |
| chocar (vt) | to shock (vt) | [tə ʃɒk] |

| aborrecimento (m) | trouble | ['trʌbəl] |
| desagradável (adj) | unpleasant | [ʌn'plezənt] |

medo (m)	fear	[fɪə(r)]
terrível (tempestade, etc.)	terrible	['terəbəl]
assustador (ex. história ~a)	scary	['skeərɪ]
horror (m)	horror	['hɒrə(r)]

horrível (crime, etc.)	awful	[ˈɔːfʊl]
começar a tremer	to begin to tremble	[tə bɪˈgɪn tə ˈtrembəl]
chorar (vi)	to cry (vi)	[tə kraɪ]
começar a chorar	to start crying	[tə stɑːt ˈkraɪɪŋ]
lágrima (f)	tear	[tɪə(r)]

falta (f)	fault	[ˈfɔːlt]
culpa (f)	guilt	[gɪlt]
desonra (f)	dishonor	[dɪsˈɒnə(r)]
protesto (m)	protest	[ˈprəʊtest]
estresse (m)	stress	[stres]

perturbar (vt)	to disturb (vt)	[tə dɪˈstɜːb]
zangar-se com ...	to be furious	[tə bi ˈfjʊərɪəs]
zangado (irritado)	mad, angry	[mæd], [ˈæŋgrɪ]
terminar (vt)	to end (vt)	[tə end]

assustar-se	to scare (vi)	[tə skeə(r)]
golpear (vt)	to hit (vt)	[tə hɪt]
brigar (na rua, etc.)	to fight (vi)	[tə faɪt]

resolver (o conflito)	to settle (vt)	[tə ˈsetəl]
descontente (adj)	discontented	[ˌdɪskənˈtentɪd]
furioso (adj)	furious	[ˈfjʊərɪəs]

| Não está bem! | It's not good! | [ɪts ˈnɒt ˌgʊd] |
| É ruim! | It's bad! | [ɪts bæd] |

Medicina

68. Doenças

doença (f)	sickness	['sɪknɪs]
estar doente	to be sick	[tə bi 'sɪk]
saúde (f)	health	[helθ]

nariz (m) escorrendo	runny nose	[ˌrʌnɪ 'nəʊz]
amigdalite (f)	tonsillitis	[ˌtɒnsɪ'laɪtɪs]
resfriado (m)	cold	[kəʊld]
ficar resfriado	to catch a cold	[tə kætʃ ə 'kəʊld]

bronquite (f)	bronchitis	[brɒŋ'kaɪtɪs]
pneumonia (f)	pneumonia	[nju:'məʊnɪə]
gripe (f)	flu	[flu:]

míope (adj)	nearsighted	[ˌnɪə'saɪtɪd]
presbita (adj)	farsighted	['fɑ: ˌsaɪtɪd]
estrabismo (m)	strabismus	[strə'bɪzməs]
estrábico, vesgo (adj)	cross-eyed	[krɒs 'aɪd]
catarata (f)	cataract	['kætərækt]
glaucoma (m)	glaucoma	[glɔ:'kəʊmə]

AVC (m), apoplexia (f)	stroke	[strəʊk]
ataque (m) cardíaco	heart attack	['hɑ:t əˌtæk]
enfarte (m) do miocárdio	myocardial infarction	[ˌmaɪəʊ'kɑ:dɪəl ɪn'fɑ:kʃən]
paralisia (f)	paralysis	[pə'rælɪsɪs]
paralisar (vt)	to paralyze (vt)	[tə 'pærəlaɪz]

alergia (f)	allergy	['ælədʒɪ]
asma (f)	asthma	['æsmə]
diabetes (f)	diabetes	[ˌdaɪə'bi:ti:z]

dor (f) de dente	toothache	['tu:θeɪk]
cárie (f)	caries	['keəri:z]

diarreia (f)	diarrhea	[ˌdaɪə'rɪə]
prisão (f) de ventre	constipation	[ˌkɒnstɪ'peɪʃən]
desarranjo (m) intestinal	stomach upset	['stʌmək 'ʌpset]
intoxicação (f) alimentar	food poisoning	[fu:d 'pɔɪzənɪŋ]

artrite (f)	arthritis	[ɑ:'θraɪtɪs]
raquitismo (m)	rickets	['rɪkɪts]
reumatismo (m)	rheumatism	['ru:mətɪzəm]
arteriosclerose (f)	atherosclerosis	[ˌæθərəʊsklɪ'rəʊsɪs]

gastrite (f)	gastritis	[gæs'traɪtɪs]
apendicite (f)	appendicitis	[əˌpendɪ'saɪtɪs]
colecistite (f)	cholecystitis	[ˌkɒlɪsɪs'taɪtɪs]

úlcera (f)	ulcer	['ʌlsə(r)]
sarampo (m)	measles	['miːzəlz]
rubéola (f)	rubella	[ruːˈbelə]
icterícia (f)	jaundice	['dʒɔːndɪs]
hepatite (f)	hepatitis	[ˌhepəˈtaɪtɪs]

esquizofrenia (f)	schizophrenia	[ˌskɪtsəˈfriːnɪə]
raiva (f)	rabies	['reɪbiːz]
neurose (f)	neurosis	[ˌnjʊəˈrəʊsɪs]
contusão (f) cerebral	concussion	[kənˈkʌʃən]

câncer (m)	cancer	['kænsə(r)]
esclerose (f)	sclerosis	[skləˈrəʊsɪs]
esclerose (f) múltipla	multiple sclerosis	['mʌltɪpəl skləˈrəʊsɪs]

alcoolismo (m)	alcoholism	['ælkəhɒlɪzəm]
alcoólico (m)	alcoholic	[ˌælkəˈhɒlɪk]
sífilis (f)	syphilis	['sɪfɪlɪs]
AIDS (f)	AIDS	[eɪdz]

tumor (m)	tumor	['tjuːmə(r)]
febre (f)	fever	['fiːvə(r)]
malária (f)	malaria	[məˈleərɪə]
gangrena (f)	gangrene	['gæŋgriːn]
enjoo (m)	seasickness	['siːsɪknɪs]
epilepsia (f)	epilepsy	['epɪlepsɪ]

epidemia (f)	epidemic	[ˌepɪˈdemɪk]
tifo (m)	typhus	['taɪfəs]
tuberculose (f)	tuberculosis	[tjuːˌbɜːkjʊˈləʊsɪs]
cólera (f)	cholera	['kɒlərə]
peste (f) bubônica	plague	[pleɪg]

69. Sintomas. Tratamentos. Parte 1

sintoma (m)	symptom	['sɪmptəm]
temperatura (f)	temperature	['temprətʃə(r)]
febre (f)	high temperature, fever	[haɪ 'temprətʃə(r)], ['fiːvə(r)]
pulso (m)	pulse, heartbeat	[pʌls], ['hɑːtbiːt]

vertigem (f)	dizziness	['dɪzɪnɪs]
quente (testa, etc.)	hot	[hɒt]
calafrio (m)	shivering	['ʃɪvərɪŋ]
pálido (adj)	pale	[peɪl]

tosse (f)	cough	[kɒf]
tossir (vi)	to cough (vi)	[tə kɒf]
espirrar (vi)	to sneeze (vi)	[tə sniːz]
desmaio (m)	faint	[feɪnt]
desmaiar (vi)	to faint (vi)	[tə feɪnt]

mancha (f) preta	bruise	[bruːz]
galo (m)	bump	[bʌmp]
machucar-se (vr)	to bang (vi)	[tə bæŋ]

contusão (f)	bruise	[bru:z]
machucar-se (vr)	to get a bruise	[tə get ə bru:z]
mancar (vi)	to limp (vi)	[tə lɪmp]
deslocamento (f)	dislocation	[ˌdɪslə'keɪʃən]
deslocar (vt)	to dislocate (vt)	[tə 'dɪsləkeɪt]
fratura (f)	fracture	['fræktʃə(r)]
fraturar (vt)	to have a fracture	[tə hæv ə 'fræktʃə(r)]
corte (m)	cut	[kʌt]
cortar-se (vr)	to cut oneself	[tə kʌt wʌn'self]
hemorragia (f)	bleeding	['bli:dɪŋ]
queimadura (f)	burn	[bɜ:n]
queimar-se (vr)	to get burned	[tə get 'bɜ:nd]
picar (vt)	to prick (vt)	[tə prɪk]
picar-se (vr)	to prick oneself	[tə prɪk wʌn'self]
lesionar (vt)	to injure (vt)	[tə 'ɪndʒə(r)]
lesão (m)	injury	['ɪndʒərɪ]
ferida (f), ferimento (m)	wound	[wu:nd]
trauma (m)	trauma	['traʊmə]
delirar (vi)	to be delirious	[tə bi dɪ'lɪrɪəs]
gaguejar (vi)	to stutter (vi)	[tə 'stʌtə(r)]
insolação (f)	sunstroke	['sʌnstrəʊk]

70. Sintomas. Tratamentos. Parte 2

dor (f)	pain, ache	[peɪn], [eɪk]
farpa (no dedo, etc.)	splinter	['splɪntə(r)]
suor (m)	sweat	[swet]
suar (vi)	to sweat (vi)	[tə swet]
vômito (m)	vomiting	['vɒmɪtɪŋ]
convulsões (f pl)	convulsions	[kən'vʌlʃənz]
grávida (adj)	pregnant	['pregnənt]
nascer (vi)	to be born	[tə bi bɔ:n]
parto (m)	delivery, labor	[dɪ'lɪvərɪ], ['leɪbə(r)]
dar à luz	to deliver (vt)	[tə dɪ'lɪvə(r)]
aborto (m)	abortion	[ə'bɔ:ʃən]
respiração (f)	breathing, respiration	['bri:ðɪŋ], [ˌrespə'reɪʃən]
inspiração (f)	in-breath, inhalation	['ɪnbreθ], [ˌɪnhə'leɪʃən]
expiração (f)	out-breath, exhalation	['aʊtbreθ],[ˌeksə'leɪʃən]
expirar (vi)	to exhale (vi)	[tə eks'heɪl]
inspirar (vi)	to inhale (vi)	[tə ɪn'heɪl]
inválido (m)	disabled person	[dɪs'eɪbəld 'pɜ:sən]
aleijado (m)	cripple	['krɪpəl]
drogado (m)	drug addict	['drʌgˌædɪkt]
surdo (adj)	deaf	[def]
mudo (adj)	mute	[mju:t]

surdo-mudo (adj)	deaf mute	[def mju:t]
louco, insano (adj)	mad, insane	[mæd], [ɪn'seɪn]
louco (m)	madman	['mædmən]
louca (f)	madwoman	['mæd‚wumən]
ficar louco	to go insane	[tə gəu ɪn'seɪn]
gene (m)	gene	[dʒi:n]
imunidade (f)	immunity	[ɪ'mju:nətɪ]
hereditário (adj)	hereditary	[hɪ'redɪtərɪ]
congênito (adj)	congenital	[kən'dʒenɪtəl]
vírus (m)	virus	['vaɪrəs]
micróbio (m)	microbe	['maɪkrəub]
bactéria (f)	bacterium	[bæk'tɪərɪəm]
infecção (f)	infection	[ɪn'fekʃən]

71. Sintomas. Tratamentos. Parte 3

hospital (m)	hospital	['hɒspɪtəl]
paciente (m)	patient	['peɪʃənt]
diagnóstico (m)	diagnosis	[‚daɪəg'nəusɪs]
cura (f)	cure	[kjuə]
tratamento (m) médico	treatment	['tri:tmənt]
curar-se (vr)	to get treatment	[tə get 'tri:tmənt]
tratar (vt)	to treat (vt)	[tə tri:t]
cuidar (pessoa)	to nurse (vt)	[tə nɜ:s]
cuidado (m)	care	[keə(r)]
operação (f)	operation, surgery	[‚ɒpə'reɪʃən], ['sɜ:dʒərɪ]
enfaixar (vt)	to bandage (vt)	[tə 'bændɪdʒ]
enfaixamento (m)	bandaging	['bændɪdʒɪŋ]
vacinação (f)	vaccination	[‚væksɪ'neɪʃən]
vacinar (vt)	to vaccinate (vt)	[tə 'væksɪneɪt]
injeção (f)	injection, shot	[ɪn'dʒekʃən], [ʃɒt]
dar uma injeção	to give an injection	[tə‚gɪv ən ɪn'dʒekʃən]
ataque (~ de asma, etc.)	attack	[ə'tæk]
amputação (f)	amputation	[‚æmpju'teɪʃən]
amputar (vt)	to amputate (vt)	[tə 'æmpjuteɪt]
coma (f)	coma	['kəumə]
estar em coma	to be in a coma	[tə bi ɪn ə 'kəumə]
reanimação (f)	intensive care	[ɪn'tensɪv ‚keə(r)]
recuperar-se (vr)	to recover (vi)	[tə rɪ'kʌvə(r)]
estado (~ de saúde)	condition	[kən'dɪʃən]
consciência (perder a ~)	consciousness	['kɒnʃəsnɪs]
memória (f)	memory	['memərɪ]
tirar (vt)	to pull out	[tə ‚pul 'aut]
obturação (f)	filling	['fɪlɪŋ]
obturar (vt)	to fill (vt)	[tə fɪl]
hipnose (f)	hypnosis	[hɪp'nəusɪs]
hipnotizar (vt)	to hypnotize (vt)	[tə 'hɪpnətaɪz]

72. Médicos

médico (m)	doctor	['dɒktə(r)]
enfermeira (f)	nurse	[nɜːs]
médico (m) pessoal	personal doctor	['pɜːsənəl 'dɒktə(r)]
dentista (m)	dentist	['dentɪst]
oculista (m)	eye doctor	[aɪ 'dɒktə(r)]
terapeuta (m)	internist	[ɪn'tɜːnɪst]
cirurgião (m)	surgeon	['sɜːdʒən]
psiquiatra (m)	psychiatrist	[saɪ'kaɪətrɪst]
pediatra (m)	pediatrician	[ˌpiːdɪə'trɪʃən]
psicólogo (m)	psychologist	[saɪ'kɒlədʒɪst]
ginecologista (m)	gynecologist	[ˌgaɪnɪ'kɒlədʒɪst]
cardiologista (m)	cardiologist	[ˌkɑːdɪ'ɒlədʒɪst]

73. Medicina. Drogas. Acessórios

medicamento (m)	medicine, drug	['medsɪn], [drʌg]
remédio (m)	remedy	['remədɪ]
receitar (vt)	to prescribe (vt)	[tə prɪ'skraɪb]
receita (f)	prescription	[prɪ'skrɪpʃən]
comprimido (m)	tablet, pill	['tæblɪt], [pɪl]
unguento (m)	ointment	['ɔɪntmənt]
ampola (f)	ampule	['æmpuːl]
solução, preparado (m)	mixture	['mɪkstʃə(r)]
xarope (m)	syrup	['sɪrəp]
cápsula (f)	capsule	['kæpsjuːl]
pó (m)	powder	['paʊdə(r)]
atadura (f)	bandage	['bændɪdʒ]
algodão (m)	cotton wool	['kɒtən ˌwʊl]
iodo (m)	iodine	['aɪədaɪn]
curativo (m) adesivo	Band-Aid	['bændˌeɪd]
conta-gotas (m)	eyedropper	[aɪ 'drɒpə(r)]
termômetro (m)	thermometer	[θə'mɒmɪtə(r)]
seringa (f)	syringe	[sɪ'rɪndʒ]
cadeira (f) de rodas	wheelchair	['wiːlˌtʃeə(r)]
muletas (f pl)	crutches	[krʌtʃɪz]
analgésico (m)	painkiller	['peɪnˌkɪlə(r)]
laxante (m)	laxative	['læksətɪv]
álcool (m)	spirits (ethanol)	['spɪrɪts], ['eθənɒl]
ervas (f pl) medicinais	medicinal herbs	[məˈdɪsɪnəl ɜːbz]
de ervas (chá ~)	herbal	['ɜːbəl]

74. Fumar. Produtos tabágicos

tabaco (m)	**tobacco**	[tə'bækəʊ]
cigarro (m)	**cigarette**	[ˌsɪgə'ret]
charuto (m)	**cigar**	[sɪ'gɑː(r)]
cachimbo (m)	**pipe**	[paɪp]
maço (~ de cigarros)	**pack**	[pæk]
fósforos (m pl)	**matches**	[mætʃɪz]
caixa (f) de fósforos	**matchbox**	['mætʃbɒks]
isqueiro (m)	**lighter**	['laɪtə(r)]
cinzeiro (m)	**ashtray**	['æʃtreɪ]
cigarreira (f)	**cigarette case**	[ˌsɪgə'ret keɪs]
piteira (f)	**cigarette holder**	[ˌsɪgə'ret 'həʊldə(r)]
filtro (m)	**filter**	['fɪltə(r)]
fumar (vi, vt)	**to smoke** (vi, vt)	[tə sməʊk]
acender um cigarro	**to light a cigarette**	[tə ˌlaɪt ə ˌsɪgə'ret]
tabagismo (m)	**smoking**	['sməʊkɪŋ]
fumante (m)	**smoker**	['sməʊkə(r)]
bituca (f)	**stub, butt**	[stʌb], [bʌt]
fumaça (f)	**smoke**	[sməʊk]
cinza (f)	**ash**	[æʃ]

HABITAT HUMANO

Cidade

75. Cidade. Vida na cidade

cidade (f)	city, town	['sɪtɪ], [taʊn]
capital (f)	capital	['kæpɪtəl]
aldeia (f)	village	['vɪlɪdʒ]
mapa (m) da cidade	city map	['sɪtɪˌmæp]
centro (m) da cidade	downtown	['daʊnˌtaʊn]
subúrbio (m)	suburb	['sʌbɜːb]
suburbano (adj)	suburban	[sə'bɜːbən]
periferia (f)	outskirts	['aʊtskɜːts]
arredores (m pl)	environs	[ɪn'vaɪərənz]
quarteirão (m)	city block	['sɪtɪ blɒk]
quarteirão (m) residencial	residential block	[ˌrezɪ'denʃəl blɒk]
tráfego (m)	traffic	['træfɪk]
semáforo (m)	traffic lights	['træfɪk laɪts]
transporte (m) público	public transportation	['pʌblɪk ˌtrænspɔː'teɪʃən]
cruzamento (m)	intersection	[ˌɪntə'sekʃən]
faixa (f)	crosswalk	['krɒswɔːk]
túnel (m) subterrâneo	pedestrian underpass	[pɪ'destrɪən 'ʌndəpɑːs]
cruzar, atravessar (vt)	to cross (vt)	[tə krɒs]
pedestre (m)	pedestrian	[pɪ'destrɪən]
calçada (f)	sidewalk	['saɪdwɔːk]
ponte (f)	bridge	[brɪdʒ]
margem (f) do rio	embankment	[ɪm'bæŋkmənt]
alameda (f)	allée	[ale]
parque (m)	park	[pɑːk]
bulevar (m)	boulevard	['buːləvɑːd]
praça (f)	square	[skweə(r)]
avenida (f)	avenue	['ævənjuː]
rua (f)	street	[striːt]
travessa (f)	side street	[saɪd striːt]
beco (m) sem saída	dead end	[ˌded 'end]
casa (f)	house	[haʊs]
edifício, prédio (m)	building	['bɪldɪŋ]
arranha-céu (m)	skyscraper	['skaɪˌskreɪpə(r)]
fachada (f)	facade	[fə'sɑːd]
telhado (m)	roof	[ruːf]

janela (f)	window	['wɪndəʊ]
arco (m)	arch	[ɑːʧ]
coluna (f)	column	['kɒləm]
esquina (f)	corner	['kɔːnə(r)]

vitrine (f)	store window	['stɔː ˌwɪndəʊ]
letreiro (m)	signboard	['saɪnbɔːd]
cartaz (do filme, etc.)	poster	['pəʊstə(r)]
cartaz (m) publicitário	advertising poster	['ædvətaɪzɪŋ 'pəʊstə(r)]
painel (m) publicitário	billboard	['bɪlbɔːd]

lixo (m)	garbage, trash	['gɑːbɪʤ], [træʃ]
lata (f) de lixo	trash can	['træʃkæn]
jogar lixo na rua	to litter (vi)	[tə 'lɪtə(r)]
aterro (m) sanitário	garbage dump	['gɑːbɪʤ dʌmp]

orelhão (m)	phone booth	['fəʊn ˌbuːð]
poste (m) de luz	street light	['striːt laɪt]
banco (m)	bench	[benʧ]

polícia (m)	police officer	[pə'liːs 'ɒfɪsə(r)]
polícia (instituição)	police	[pə'liːs]
mendigo, pedinte (m)	beggar	['begə(r)]
desabrigado (m)	homeless	['həʊmlɪs]

76. Instituições urbanas

loja (f)	store	[stɔː(r)]
drogaria (f)	drugstore, pharmacy	['drʌgstɔː(r)], ['fɑːməsɪ]
ótica (f)	eyeglass store	['aɪglɑːs stɔː(r)]
centro (m) comercial	shopping mall	['ʃɒpɪŋ mɔːl]
supermercado (m)	supermarket	['suːpəˌmɑːkɪt]

padaria (f)	bakery	['beɪkərɪ]
padeiro (m)	baker	['beɪkə(r)]
pastelaria (f)	pastry shop	['peɪstrɪ ʃɒp]
mercearia (f)	grocery store	['grəʊsərɪ stɔː(r)]
açougue (m)	butcher shop	['bʊʧəʃɒp]

fruteira (f)	produce store	['prɒdjuːs stɔː]
mercado (m)	market	['mɑːkɪt]

cafeteria (f)	coffee house	['kɒfɪ ˌhaʊs]
restaurante (m)	restaurant	['restrɒnt]
bar (m)	pub, bar	[pʌb], [bɑː(r)]
pizzaria (f)	pizzeria	[ˌpiːtsə'rɪə]

salão (m) de cabeleireiro	hair salon	['heə 'sælɒn]
agência (f) dos correios	post office	[pəʊst 'ɒfɪs]
lavanderia (f)	dry cleaners	[ˌdraɪ 'kliːnəz]
estúdio (m) fotográfico	photo studio	['fəʊtəʊ 'stjuːdɪəʊ]

sapataria (f)	shoe store	['ʃuː stɔː(r)]
livraria (f)	bookstore	['bʊkstɔː(r)]

loja (f) de artigos esportivos	sporting goods store	['spɔ:tɪŋ gʊdz stɔ:(r)]
costureira (m)	clothes repair shop	[kləʊðz rɪ'peə(r) ʃɒp]
aluguel (m) de roupa	formal wear rental	['fɔ:məl weə 'rentəl]
videolocadora (f)	video rental store	['vɪdɪəʊ 'rentəl stɔ:]
circo (m)	circus	['sɜ:kəs]
jardim (m) zoológico	zoo	[zu:]
cinema (m)	movie theater	['mu:vɪ 'θɪətə(r)]
museu (m)	museum	[mju:'zi:əm]
biblioteca (f)	library	['laɪbrərɪ]
teatro (m)	theater	['θɪətə(r)]
ópera (f)	opera	['ɒpərə]
boate (casa noturna)	nightclub	[naɪt klʌb]
cassino (m)	casino	[kə'si:nəʊ]
mesquita (f)	mosque	[mɒsk]
sinagoga (f)	synagogue	['sɪnəgɒg]
catedral (f)	cathedral	[kə'θi:drəl]
templo (m)	temple	['tempəl]
igreja (f)	church	[tʃɜ:tʃ]
faculdade (f)	college	['kɒlɪdʒ]
universidade (f)	university	[ˌju:nɪ'vɜ:sətɪ]
escola (f)	school	[sku:l]
prefeitura (f)	prefecture	['pri:fek‚tjʊə(r)]
câmara (f) municipal	city hall	['sɪtɪ ‚hɔ:l]
hotel (m)	hotel	[həʊ'tel]
banco (m)	bank	[bæŋk]
embaixada (f)	embassy	['embəsɪ]
agência (f) de viagens	travel agency	['trævəl 'eɪdʒənsɪ]
agência (f) de informações	information office	[ˌɪnfə'meɪʃən 'ɒfɪs]
casa (f) de câmbio	currency exchange	['kʌrənsɪ ɪks'tʃeɪndʒ]
metrô (m)	subway	['sʌbweɪ]
hospital (m)	hospital	['hɒspɪtəl]
posto (m) de gasolina	gas station	[gæs 'steɪʃən]
parque (m) de estacionamento	parking lot	['pɑ:kɪŋ lɒt]

77. Transportes urbanos

ônibus (m)	bus	[bʌs]
bonde (m) elétrico	streetcar	['stri:tkɑ:(r)]
trólebus (m)	trolley bus	['trɒlɪbʌs]
rota (f), itinerário (m)	route	[raʊt]
número (m)	number	['nʌmbə(r)]
ir de ... (carro, etc.)	to go by ...	[tə gəʊ baɪ]
entrar no ...	to get on	[tə get ɒn]
descer do ...	to get off ...	[tə get ɒf]
parada (f)	stop	[stɒp]

próxima parada (f)	next stop	[ˌnekst 'stɒp]
terminal (m)	terminus	['tɜːmɪnəs]
horário (m)	schedule	['skedʒʊl]
esperar (vt)	to wait (vt)	[tə weɪt]

| passagem (f) | ticket | ['tɪkɪt] |
| tarifa (f) | fare | [feə(r)] |

bilheteiro (m)	cashier	[kæ'ʃɪə(r)]
controle (m) de passagens	ticket inspection	['tɪkɪt ɪn'spekʃən]
revisor (m)	ticket inspector	['tɪkɪt ɪn'spektə(r)]

| atrasar-se (vr) | to be late | [tə bi 'leɪt] |
| estar com pressa | to be in a hurry | [tə bi ɪn ə 'hʌrɪ] |

táxi (m)	taxi, cab	['tæksɪ], [kæb]
taxista (m)	taxi driver	['tæksɪ 'draɪvə(r)]
de táxi (ir ~)	by taxi	[baɪ 'tæksɪ]
ponto (m) de táxis	taxi stand	['tæksɪ stænd]
chamar um táxi	to call a taxi	[tə kɔːl ə 'tæksɪ]
pegar um táxi	to take a taxi	[tə ˌteɪk ə 'tæksɪ]

tráfego (m)	traffic	['træfɪk]
engarrafamento (m)	traffic jam	['træfɪk dʒæm]
horas (f pl) de pico	rush hour	['rʌʃ ˌaʊə(r)]
estacionar (vi)	to park (vi)	[tə pɑːk]
estacionar (vt)	to park (vt)	[tə pɑːk]
parque (m) de estacionamento	parking lot	['pɑːkɪŋ lɒt]

metrô (m)	subway	['sʌbweɪ]
estação (f)	station	['steɪʃən]
ir de metrô	to take the subway	[tə ˌteɪk ðə 'sʌbweɪ]
trem (m)	train	[treɪn]
estação (f) de trem	train station	[treɪn 'steɪʃən]

78. Turismo

monumento (m)	monument	['mɒnjʊmənt]
fortaleza (f)	fortress	['fɔːtrɪs]
palácio (m)	palace	['pælɪs]
castelo (m)	castle	['kɑːsəl]
torre (f)	tower	['taʊə(r)]
mausoléu (m)	mausoleum	[ˌmɔːzə'lɪəm]

arquitetura (f)	architecture	['ɑːkɪtektʃə(r)]
medieval (adj)	medieval	[ˌmedɪ'iːvəl]
antigo (adj)	ancient	['eɪnʃənt]
nacional (adj)	national	['næʃənəl]
famoso, conhecido (adj)	famous	['feɪməs]

turista (m)	tourist	['tʊərɪst]
guia (pessoa)	guide	[gaɪd]
excursão (f)	excursion	[ɪk'skɜːʃən]
mostrar (vt)	to show (vt)	[tə ʃəʊ]

contar (vt)	**to tell** (vt)	[tə tel]
encontrar (vt)	**to find** (vt)	[tə faɪnd]
perder-se (vr)	**to get lost**	[tə get lɒst]
mapa (~ do metrô)	**map**	[mæp]
mapa (~ da cidade)	**map**	[mæp]
lembrança (f), presente (m)	**souvenir, gift**	[ˌsuːvəˈnɪə], [gɪft]
loja (f) de presentes	**gift shop**	[ˈgɪftˌʃɒp]
tirar fotos, fotografar	**to take pictures**	[tə ˌteɪk ˈpɪktʃez]

79. Compras

comprar (vt)	**to buy** (vt)	[tə baɪ]
compra (f)	**purchase**	[ˈpɜːtʃəs]
fazer compras	**to go shopping**	[tə gəʊ ˈʃɒpɪŋ]
compras (f pl)	**shopping**	[ˈʃɒpɪŋ]
estar aberta (loja)	**to be open**	[tə bi ˈəʊpən]
estar fechada	**to be closed**	[tə bi kləʊzd]
calçado (m)	**footwear, shoes**	[ˈfʊtweə(r)], [ʃuːz]
roupa (f)	**clothes, clothing**	[kləʊðz], [ˈkləʊðɪŋ]
cosméticos (m pl)	**cosmetics**	[kɒzˈmetɪks]
alimentos (m pl)	**food products**	[fuːd ˈprɒdʌkts]
presente (m)	**gift, present**	[gɪft], [ˈprezənt]
vendedor (m)	**salesman**	[ˈseɪlzmən]
vendedora (f)	**saleswoman**	[ˈseɪlzˌwʊmən]
caixa (f)	**check out, cash desk**	[tʃek aʊt], [kæʃ desk]
espelho (m)	**mirror**	[ˈmɪrə(r)]
balcão (m)	**counter**	[ˈkaʊntə(r)]
provador (m)	**fitting room**	[ˈfɪtɪŋ ˌrum]
provar (vt)	**to try on** (vt)	[tə ˌtraɪ ˈɒn]
servir (roupa, caber)	**to fit** (vt)	[tə fɪt]
gostar (apreciar)	**to like** (vt)	[tə laɪk]
preço (m)	**price**	[praɪs]
etiqueta (f) de preço	**price tag**	[ˈpraɪs tæg]
custar (vt)	**to cost** (vt)	[tə kɒst]
Quanto?	**How much?**	[ˌhaʊ ˈmʌtʃ]
desconto (m)	**discount**	[ˈdɪskaʊnt]
não caro (adj)	**inexpensive**	[ˌɪnɪkˈspensɪv]
barato (adj)	**cheap**	[tʃiːp]
caro (adj)	**expensive**	[ɪkˈspensɪv]
É caro	**It's expensive**	[ɪts ɪkˈspensɪv]
aluguel (m)	**rental**	[ˈrentəl]
alugar (roupas, etc.)	**to rent** (vt)	[tə rent]
crédito (m)	**credit**	[ˈkredɪt]
a crédito	**on credit**	[ɒn ˈkredɪt]

80. Dinheiro

dinheiro (m)	money	['mʌnɪ]
câmbio (m)	currency exchange	['kʌrənsɪ ɪks'tʃeɪndʒ]
taxa (f) de câmbio	exchange rate	[ɪks'tʃeɪndʒ reɪt]
caixa (m) eletrônico	ATM	[ˌeɪti:'em]
moeda (f)	coin	[kɔɪn]

dólar (m)	dollar	['dɒlə(r)]
euro (m)	euro	['juərəu]

lira (f)	lira	['lɪərə]
marco (m)	Deutschmark	['dɔɪtʃmɑːk]
franco (m)	franc	[fræŋk]
libra (f) esterlina	pound sterling	[paund 'stɜːlɪŋ]
iene (m)	yen	[jen]

dívida (f)	debt	[det]
devedor (m)	debtor	['detə(r)]
emprestar (vt)	to lend (vt)	[tə lend]
pedir emprestado	to borrow (vt)	[tə 'bɒrəu]

banco (m)	bank	[bæŋk]
conta (f)	account	[ə'kaunt]
depositar (vt)	to deposit (vt)	[tə dɪ'pɒzɪt]

cartão (m) de crédito	credit card	['kredɪt kɑːd]
dinheiro (m) vivo	cash	[kæʃ]
cheque (m)	check	[tʃek]
passar um cheque	to write a check	[tə ˌraɪt ə 'tʃek]
talão (m) de cheques	checkbook	['tʃekˌbuk]

carteira (f)	wallet	['wɒlɪt]
niqueleira (f)	change purse	[tʃeɪndʒ pɜːs]
cofre (m)	safe	[seɪf]

herdeiro (m)	heir	[eə(r)]
herança (f)	inheritance	[ɪn'herɪtəns]
fortuna (riqueza)	fortune	['fɔːtʃuːn]

arrendamento (m)	lease	[liːs]
aluguel (pagar o ~)	rent	[rent]
alugar (vt)	to rent (vt)	[tə rent]

preço (m)	price	[praɪs]
custo (m)	cost	[kɒst]
soma (f)	sum	[sʌm]

gastos (m pl)	expenses	[ɪk'spensɪz]
economizar (vi)	to economize (vi, vt)	[tə ɪ'kɒnəmaɪz]
econômico (adj)	economical	[ˌiːkə'nɒmɪkəl]

pagar (vt)	to pay (vi, vt)	[tə peɪ]
pagamento (m)	payment	['peɪmənt]
troco (m)	change	[tʃeɪndʒ]

imposto (m)	tax	[tæks]
multa (f)	fine	[faın]
multar (vt)	to fine (vt)	[tə faın]

81. Correios. Serviço postal

agência (f) dos correios	post office	[pəʊst 'ɒfıs]
correio (m)	mail	[meıl]
carteiro (m)	mailman	['meılmən]
horário (m)	opening hours	['əʊpənıŋ ‚aʊəz]

carta (f)	letter	['letə(r)]
carta (f) registada	registered letter	['redʒıstəd 'letə(r)]
cartão (m) postal	postcard	['pəʊstkɑːd]
telegrama (m)	telegram	['telıgræm]
encomenda (f)	package, parcel	['pækıdʒ], ['pɑːsəl]
transferência (f) de dinheiro	money transfer	['mʌnı træns'fɜː(r)]

receber (vt)	to receive (vt)	[tə rı'siːv]
enviar (vt)	to send (vt)	[tə send]
envio (m)	sending	['sendıŋ]

endereço (m)	address	[ə'dres]
código (m) postal	ZIP code	['zıp ‚kəʊd]
remetente (m)	sender	['sendə(r)]
destinatário (m)	receiver	[rı'siːvə(r)]

| nome (m) | first name | [fɜːst neım] |
| sobrenome (m) | surname, last name | ['sɜːneım], [lɑːst neım] |

tarifa (f)	rate	[reıt]
ordinário (adj)	standard	['stændəd]
econômico (adj)	economical	[‚iːkə'nɒmıkəl]

peso (m)	weight	[weıt]
pesar (estabelecer o peso)	to weigh (vt)	[tə weı]
envelope (m)	envelope	['envələʊp]
selo (m) postal	postage stamp	['pəʊstıdʒ ‚stæmp]
colar o selo	to stamp an envelope	[tə stæmp ən 'envələʊp]

Moradia. Casa. Lar

82. Casa. Habitação

casa (f)	house	[haʊs]
em casa	at home	[ət həʊm]
pátio (m), quintal (f)	yard	[jɑ:d]
cerca, grade (f)	fence	[fens]

tijolo (m)	brick	[brɪk]
de tijolos	brick	[brɪk]
pedra (f)	stone	[stəʊn]
de pedra	stone	[stəʊn]
concreto (m)	concrete	['kɒŋkri:t]
concreto (adj)	concrete	['kɒŋkri:t]

novo (adj)	new	[nju:]
velho (adj)	old	[əʊld]
decrépito (adj)	ramshackle	['ræmʃækəl]
moderno (adj)	modern	['mɒdən]
de vários andares	multistory	[ˌmʌltɪ'stɔ:rɪ]
alto (adj)	tall	[tɔ:l]

andar (m)	floor, story	[flɔ:(r)], ['stɔ:rɪ]
de um andar	single-story	['sɪŋgəl 'stɔ:rɪ]

térreo (m)	first floor	[fɜ:st flɔ:(r)]
andar (m) de cima	top floor	[tɒp flɔ:(r)]

telhado (m)	roof	[ru:f]
chaminé (f)	chimney	['tʃɪmnɪ]

telha (f)	roof tiles	[ru:f taɪlz]
de telha	tiled	[taɪld]
sótão (m)	attic	['ætɪk]

janela (f)	window	['wɪndəʊ]
vidro (m)	glass	[glɑ:s]

parapeito (m)	window ledge	['wɪndəʊ ledʒ]
persianas (f pl)	shutters	['ʃʌtəz]

parede (f)	wall	[wɔ:l]
varanda (f)	balcony	['bælkənɪ]
calha (f)	downspout	['daʊnspaʊt]

em cima	upstairs	[ˌʌp'steəz]
subir (vi)	to go upstairs	[tə gəʊ ˌʌp'steəz]
descer (vi)	to come down	[tə kʌm daʊn]
mudar-se (vr)	to move (vi)	[tə mu:v]

83. Casa. Entrada. Elevador

entrada (f)	entrance	['entrəns]
escada (f)	stairs	[steəz]
degraus (m pl)	steps	[steps]
corrimão (m)	banister	['bænɪstə(r)]
hall (m) de entrada	lobby	['lɒbɪ]
caixa (f) de correio	mailbox	['meɪlbɒks]
lata (f) do lixo	garbage can	['gɑːbɪʤ kæn]
calha (f) de lixo	trash chute	['træʃ ʃuːt]
elevador (m)	elevator	['elɪveɪtə(r)]
elevador (m) de carga	freight elevator	[freɪt 'elɪveɪtə(r)]
cabine (f)	elevator cage	['elɪveɪtə keɪʤ]
pegar o elevador	to take the elevator	[tə teɪk ðɪ 'elɪveɪtə(r)]
apartamento (m)	apartment	[ə'pɑːtmənt]
residentes (pl)	residents	['rezɪdənts]
vizinhos (pl)	neighbors	['neɪbəz]

84. Casa. Portas. Fechaduras

porta (f)	door	[dɔː(r)]
portão (m)	gate	['geɪt]
maçaneta (f)	handle	['hændəl]
destrancar (vt)	to unlock (vt)	[tə ˌʌn'lɒk]
abrir (vt)	to open (vt)	[tə 'əʊpən]
fechar (vt)	to close (vt)	[tə kləʊz]
chave (f)	key	[kiː]
molho (m)	bunch	[bʌnʧ]
ranger (vi)	to creak (vi)	[tə kriːk]
rangido (m)	creak	[kriːk]
dobradiça (f)	hinge	[hɪnʤ]
capacho (m)	doormat	['dɔːmæt]
fechadura (f)	lock	[lɒk]
buraco (m) da fechadura	keyhole	['kiːhəʊl]
barra (f)	crossbar	['krɒsbɑː(r)]
fecho (ferrolho pequeno)	latch	[læʧ]
cadeado (m)	padlock	['pædlɒk]
tocar (vt)	to ring (vt)	[tə rɪŋ]
toque (m)	ringing	['rɪŋɪŋ]
campainha (f)	doorbell	['dɔːbel]
botão (m)	bell-button	[bel 'bʌtən]
batida (f)	knock	[nɒk]
bater (vi)	to knock (vi)	[tə nɒk]
código (m)	code	[kəʊd]
fechadura (f) de código	code lock	[kəʊd ˌlɒk]
interfone (m)	intercom	['ɪntəkɒm]

número (m)	number	['nʌmbə(r)]
placa (f) de porta	doorplate	['dɔːpleɪt]
olho (m) mágico	peephole	['piːphəʊl]

85. Casa de campo

aldeia (f)	village	['vɪlɪʤ]
horta (f)	vegetable garden	['veʤtəbəl 'gɑːdən]
cerca (f)	fence	[fens]
cerca (f) de piquete	picket fence	['pɪkɪt fens]
portão (f) do jardim	wicket gate	['wɪkɪt geɪt]

celeiro (m)	granary	['grænərɪ]
adega (f)	root cellar	[ruːt 'selə(r)]
galpão, barracão (m)	shed	[ʃed]
poço (m)	water well	['wɔːtə wel]

fogão (m)	stove	[stəʊv]
atiçar o fogo	to heat the stove	[tə hiːt ðə stəʊv]
lenha (carvão ou ~)	firewood	['faɪəwʊd]
acha, lenha (f)	log	[lɒg]

varanda (f)	veranda	[və'rændə]
alpendre (m)	deck, terrace	[dek], ['terəs]
degraus (m pl) de entrada	front steps	['frʌnt ˌsteps]
balanço (m)	swing	[swɪŋ]

86. Castelo. Palácio

castelo (m)	castle	['kɑːsəl]
palácio (m)	palace	['pælɪs]
fortaleza (f)	fortress	['fɔːtrɪs]
muralha (f)	wall	[wɔːl]
torre (f)	tower	['taʊə(r)]
calabouço (m)	keep, donjon	[kiːp], ['dɒnʤən]

grade (f) levadiça	portcullis	[ˌpɔːt'kʌlɪs]
passagem (f) subterrânea	underground passage	['ʌndəgraʊnd 'pæsɪʤ]
fosso (m)	moat	[məʊt]
corrente, cadeia (f)	chain	[ʧeɪn]
seteira (f)	arrow loop	['ærəʊ luːp]
magnífico (adj)	magnificent	[mæg'nɪfɪsənt]
majestoso (adj)	majestic	[mə'ʤestɪk]
inexpugnável (adj)	impregnable	[ɪm'pregnəbəl]
medieval (adj)	medieval	[ˌmedɪ'iːvəl]

87. Apartamento

| apartamento (m) | apartment | [ə'pɑːtmənt] |
| quarto, cômodo (m) | room | [ruːm] |

quarto (m) de dormir	bedroom	['bedrʊm]
sala (f) de jantar	dining room	['daınıŋ rʊm]
sala (f) de estar	living room	['lıvıŋ ru:m]
escritório (m)	study	['stʌdı]

sala (f) de entrada	entry room	['entrı ru:m]
banheiro (m)	bathroom	['bɑ:θrʊm]
lavabo (m)	half bath	[hɑ:f bɑ:θ]

teto (m)	ceiling	['si:lıŋ]
chão, piso (m)	floor	[flɔ:(r)]
canto (m)	corner	['kɔ:nə(r)]

88. Apartamento. Limpeza

arrumar, limpar (vt)	to clean (vi, vt)	[tə kli:n]
pó (m)	dust	[dʌst]
empoeirado (adj)	dusty	['dʌstı]
tirar o pó	to dust (vt)	[tə dʌst]
aspirador (m)	vacuum cleaner	['vækjʊəm 'kli:nə(r)]
aspirar (vt)	to vacuum (vt)	[tə 'vækjʊəm]

varrer (vt)	to sweep (vi, vt)	[tə swi:p]
sujeira (f)	sweepings	['swi:pıŋz]
arrumação, ordem (f)	order	['ɔ:də(r)]
desordem (f)	disorder	[dıs'ɔ:də(r)]

esfregão (m)	mop	[mɒp]
pano (m), trapo (m)	dust cloth	[dʌst klɒθ]
vassoura (f)	broom	[bru:m]
pá (f) de lixo	dustpan	['dʌstpæn]

89. Mobiliário. Interior

mobiliário (m)	furniture	['fɜ:nıtʃə(r)]
mesa (f)	table	['teıbəl]
cadeira (f)	chair	[tʃeə(r)]
cama (f)	bed	[bed]
sofá, divã (m)	couch, sofa	[kaʊtʃ], ['səʊfə]
poltrona (f)	armchair	['ɑ:mtʃeə(r)]

| estante (f) | bookcase | ['bʊkkeıs] |
| prateleira (f) | shelf | [ʃelf] |

guarda-roupas (m)	wardrobe	['wɔ:drəʊb]
cabide (m) de parede	coat rack	['kəʊt ˌræk]
cabideiro (m) de pé	coat stand	['kəʊt stænd]

cômoda (f)	bureau, dresser	['bjʊərəʊ], ['dresə(r)]
mesinha (f) de centro	coffee table	['kɒfı 'teıbəl]
espelho (m)	mirror	['mırə(r)]
tapete (m)	carpet	['kɑ:pıt]

tapete (m) pequeno	**rug, small carpet**	[rʌg], [smɔːl 'kɑːpɪt]
lareira (f)	**fireplace**	['faɪəpleɪs]
vela (f)	**candle**	['kændəl]
castiçal (m)	**candlestick**	['kændəlstɪk]

cortinas (f pl)	**drapes**	[dreɪps]
papel (m) de parede	**wallpaper**	['wɔːl,peɪpə(r)]
persianas (f pl)	**blinds**	[blaɪndz]

luminária (f) de mesa	**table lamp**	['teɪbəl læmp]
abajur (m) de pé	**floor lamp**	[flɔː læmp]
lustre (m)	**chandelier**	[ˌʃændə'lɪə(r)]

pé (de mesa, etc.)	**leg**	[leg]
braço, descanso (m)	**armrest**	['ɑːmrest]
costas (f pl)	**back**	[bæk]
gaveta (f)	**drawer**	[drɔː(r)]

90. Quarto de dormir

roupa (f) de cama	**bedclothes**	['bedkləʊðz]
travesseiro (m)	**pillow**	['pɪləʊ]
fronha (f)	**pillowcase**	['pɪləʊkeɪs]
cobertor (m)	**duvet, comforter**	['duːveɪ], ['kʌmfətə(r)]
lençol (m)	**sheet**	[ʃiːt]
colcha (f)	**bedspread**	['bedspred]

91. Cozinha

cozinha (f)	**kitchen**	['kɪtʃin]
gás (m)	**gas**	[gæs]
fogão (m) a gás	**gas stove**	['gæs stəʊv]
fogão (m) elétrico	**electric stove**	[ɪ'lektrɪk stəʊv]
forno (m)	**oven**	['ʌvən]
forno (m) de micro-ondas	**microwave oven**	['maɪkrəweɪv 'ʌvən]

geladeira (f)	**fridge**	[frɪdʒ]
congelador (m)	**freezer**	['friːzə(r)]
máquina (f) de lavar louça	**dishwasher**	['dɪʃˌwɒʃə(r)]

moedor (m) de carne	**meat grinder**	[miːt 'graɪndə(r)]
espremedor (m)	**juicer**	['dʒuːsə]
torradeira (f)	**toaster**	['təʊstə(r)]
batedeira (f)	**mixer**	['mɪksə(r)]

máquina (f) de café	**coffee machine**	['kɒfɪ mə'ʃiːn]
cafeteira (f)	**coffee pot**	['kɒfɪ pɒt]
moedor (m) de café	**coffee grinder**	['kɒfɪ 'graɪndə(r)]

chaleira (f)	**kettle**	['ketəl]
bule (m)	**teapot**	['tiːpɒt]
tampa (f)	**lid**	[lɪd]

coador (m) de chá	tea strainer	[ti: 'streɪnə(r)]
colher (f)	spoon	[spu:n]
colher (f) de chá	teaspoon	['ti:spu:n]
colher (f) de sopa	soup spoon	[su:p spu:n]
garfo (m)	fork	[fɔ:k]
faca (f)	knife	[naɪf]

louça (f)	tableware	['teɪbəlweə(r)]
prato (m)	plate	[pleɪt]
pires (m)	saucer	['sɔ:sə(r)]

cálice (m)	shot glass	[ʃɒt glɑ:s]
copo (m)	glass	[glɑ:s]
xícara (f)	cup	[kʌp]

açucareiro (m)	sugar bowl	['ʃʊgə ˌbəʊl]
saleiro (m)	salt shaker	[sɒlt 'ʃeɪkə]
pimenteiro (m)	pepper shaker	['pepə 'ʃeɪkə]
manteigueira (f)	butter dish	['bʌtə dɪʃ]

panela (f)	stock pot	[stɒk pɒt]
frigideira (f)	frying pan	['fraɪɪŋ pæn]
concha (f)	ladle	['leɪdəl]
coador (m)	colander	['kʌləndə(r)]
bandeja (f)	tray	[treɪ]

garrafa (f)	bottle	['bɒtəl]
pote (m) de vidro	jar	[dʒɑ:(r)]
lata (~ de cerveja)	can	[kæn]

abridor (m) de garrafa	bottle opener	['bɒtəl 'əʊpənə(r)]
abridor (m) de latas	can opener	[kæn 'əʊpənə(r)]
saca-rolhas (m)	corkscrew	['kɔ:kskru:]
filtro (m)	filter	['fɪltə(r)]
filtrar (vt)	to filter (vt)	[tə 'fɪltə(r)]

| lixo (m) | trash | [træʃ] |
| lixeira (f) | trash can | ['træʃkæn] |

92. Casa de banho

banheiro (m)	bathroom	['bɑ:θrʊm]
água (f)	water	['wɔ:tə(r)]
torneira (f)	faucet	['fɔ:sɪt]
água (f) quente	hot water	[hɒt 'wɔ:tə(r)]
água (f) fria	cold water	[ˌkəʊld 'wɔ:tə(r)]

| pasta (f) de dente | toothpaste | ['tu:θpeɪst] |
| escovar os dentes | to brush one's teeth | [tə brʌʃ wʌns 'ti:θ] |

barbear-se (vr)	to shave (vi)	[tə ʃeɪv]
espuma (f) de barbear	shaving foam	['ʃeɪvɪŋ fəʊm]
gilete (f)	razor	['reɪzə(r)]
lavar (vt)	to wash (vt)	[tə wɒʃ]

tomar banho	to take a bath	[tə teɪk ə bɑ:θ]
chuveiro (m), ducha (f)	shower	[ˈʃaʊə(r)]
tomar uma ducha	to take a shower	[tə teɪk ə ˈʃaʊə(r)]

banheira (f)	bathtub	[ˈbɑ:θtʌb]
vaso (m) sanitário	toilet	[ˈtɔɪlɪt]
pia (f)	sink, washbasin	[sɪŋk], [ˈwɒʃˌbeɪsən]

| sabonete (m) | soap | [səʊp] |
| saboneteira (f) | soap dish | [ˈsəʊpdɪʃ] |

esponja (f)	sponge	[spʌndʒ]
xampu (m)	shampoo	[ʃæmˈpu:]
toalha (f)	towel	[ˈtaʊəl]
roupão (m) de banho	bathrobe	[ˈbɑ:θrəʊb]

lavagem (f)	laundry	[ˈlɔ:ndrɪ]
lavadora (f) de roupas	washing machine	[ˈwɒʃɪŋ məˈʃi:n]
lavar a roupa	to do the laundry	[tə du: ðə ˈlɔ:ndrɪ]
detergente (m)	laundry detergent	[ˈlɔ:ndrɪ dɪˈtɜ:dʒənt]

93. Eletrodomésticos

televisor (m)	TV set	[ˌti:ˈvi: set]
gravador (m)	tape recorder	[teɪp rɪˈkɔ:də(r)]
videogravador (m)	video, VCR	[ˈvɪdɪəʊ], [ˌvi:si:ˈɑ:(r)]
rádio (m)	radio	[ˈreɪdɪəʊ]
leitor (m)	player	[ˈpleɪə(r)]

projetor (m)	video projector	[ˈvɪdɪəʊ prəˈdʒektə(r)]
cinema (m) em casa	home movie theater	[həʊm ˈmu:vɪ ˈθɪətə(r)]
DVD Player (m)	DVD player	[ˌdi:vi:ˈdi: ˈpleɪə(r)]
amplificador (m)	amplifier	[ˈæmplɪfaɪə]
console (f) de jogos	video game console	[ˈvɪdɪəʊ geɪm ˈkɒnsəʊl]

câmera (f) de vídeo	video camera	[ˈvɪdɪəʊ ˈkæmərə]
máquina (f) fotográfica	camera	[ˈkæmərə]
câmera (f) digital	digital camera	[ˈdɪdʒɪtəl ˈkæmərə]
aspirador (m)	vacuum cleaner	[ˈvækjʊəm ˈkli:nə(r)]
ferro (m) de passar	iron	[ˈaɪrən]
tábua (f) de passar	ironing board	[ˈaɪrənɪŋ bɔ:d]

telefone (m)	telephone	[ˈtelɪfəʊn]
celular (m)	cell phone	[ˈselfəʊn]
máquina (f) de escrever	typewriter	[ˈtaɪpˌraɪtə(r)]
máquina (f) de costura	sewing machine	[ˈsəʊɪŋ məˈʃi:n]

microfone (m)	microphone	[ˈmaɪkrəfəʊn]
fone (m) de ouvido	headphones	[ˈhedfəʊnz]
controle remoto (m)	remote control	[rɪˈməʊt kənˈtrəʊl]

CD (m)	CD, compact disc	[ˌsi:ˈdi:], [kəmˈpækt dɪsk]
fita (f) cassete	cassette, tape	[kæˈset], [teɪp]
disco (m) de vinil	vinyl record	[ˈvaɪnɪl ˈrekɔ:d]

94. Reparações. Renovação

renovação (f)	renovations	[ˌrenəˈveɪʃənz]
renovar (vt), fazer obras	to renovate (vt)	[tə ˈrenəveɪt]
reparar (vt)	to repair (vt)	[tə rɪˈpeə(r)]
consertar (vt)	to put in order	[tə pʊt ɪn ˈɔːdə(r)]
refazer (vt)	to redo (vt)	[tə ˌriːˈduː]
tinta (f)	paint	[peɪnt]
pintar (vt)	to paint (vt)	[tə peɪnt]
pintor (m)	house painter	[haʊs ˈpeɪntə(r)]
pincel (m)	brush	[brʌʃ]
cal (f)	whitewash	[ˈwaɪtwɒʃ]
caiar (vt)	to whitewash (vt)	[tə ˈwaɪtwɒʃ]
papel (m) de parede	wallpaper	[ˈwɔːlˌpeɪpə(r)]
colocar papel de parede	to wallpaper (vt)	[tə ˈwɔːlˌpeɪpə]
verniz (m)	varnish	[ˈvɑːnɪʃ]
envernizar (vt)	to varnish (vt)	[tə ˈvɑːnɪʃ]

95. Canalizações

água (f)	water	[ˈwɔːtə(r)]
água (f) quente	hot water	[hɒt ˈwɔːtə(r)]
água (f) fria	cold water	[ˌkəʊld ˈwɔːtə(r)]
torneira (f)	faucet	[ˈfɔːsɪt]
gota (f)	drop	[drɒp]
gotejar (vi)	to drip (vi)	[tə drɪp]
vazar (vt)	to leak (vi)	[tə liːk]
vazamento (m)	leak	[liːk]
poça (f)	puddle	[ˈpʌdəl]
tubo (m)	pipe	[paɪp]
válvula (f)	valve	[vælv]
entupir-se (vr)	to be clogged up	[tə bi: ˌklɒgd ˈʌp]
ferramentas (f pl)	tools	[tuːlz]
chave (f) inglesa	adjustable wrench	[əˈdʒʌstəbəl rentʃ]
desenroscar (vt)	to unscrew (vt)	[tə ˌʌnˈskruː]
enroscar (vt)	to screw (vt)	[tə skruː]
desentupir (vt)	to unclog (vt)	[tə ˌʌnˈklɒg]
encanador (m)	plumber	[ˈplʌmə(r)]
porão (m)	basement	[ˈbeɪsmənt]
rede (f) de esgotos	sewerage	[ˈsʊərɪdʒ]

96. Fogo. Deflagração

incêndio (m)	fire	[ˈfaɪə(r)]
chama (f)	flame	[fleɪm]

faísca (f)	spark	[spɑːk]
fumaça (f)	smoke	[sməʊk]
tocha (f)	torch	[tɔːtʃ]
fogueira (f)	campfire	['kæmpˌfaɪə(r)]

gasolina (f)	gas, gasoline	[gæs], ['gæsəliːn]
querosene (m)	kerosene	['kerəsiːn]
inflamável (adj)	flammable	['flæməbəl]
explosivo (adj)	explosive	[ɪk'spləʊsɪv]
PROIBIDO FUMAR!	NO SMOKING	[nəʊ 'sməʊkɪŋ]

segurança (f)	safety	['seɪftɪ]
perigo (m)	danger	['deɪndʒə(r)]
perigoso (adj)	dangerous	['deɪndʒərəs]

incendiar-se (vr)	to catch fire	[tə kætʃ 'faɪə(r)]
explosão (f)	explosion	[ɪk'spləʊʒən]
incendiar (vt)	to set fire	[tə set 'faɪə(r)]
incendiário (m)	arsonist	['ɑːsənɪst]
incêndio (m) criminoso	arson	['ɑːsən]

flamejar (vi)	to blaze (vi)	[tə bleɪz]
queimar (vi)	to burn (vi)	[tə bɜːn]
queimar tudo (vi)	to burn down (vi)	[tə bɜːn daʊn]

chamar os bombeiros	to call the fire department	[tə kɔːl ðə 'faɪə dɪ'pɑːtmənt]
bombeiro (m)	fireman	['faɪəmən]
caminhão (m) de bombeiros	fire truck	['faɪər trʌk]
corpo (m) de bombeiros	fire department	['faɪə dɪ'pɑːtmənt]
escada (f) extensível	fire truck ladder	['faɪər trʌk 'lædə]

mangueira (f)	fire hose	[ˌfaɪə 'həʊz]
extintor (m)	fire extinguisher	['faɪər ɪk'stɪŋgwɪʃə(r)]
capacete (m)	helmet	['helmɪt]
sirene (f)	siren	['saɪərən]

gritar (vi)	to cry (vi)	[tə kraɪ]
chamar por socorro	to call for help	[tə kɔːl fɔː help]
socorrista (m)	rescuer	['reskjʊə(r)]
salvar, resgatar (vt)	to rescue (vt)	[tə 'reskjuː]

chegar (vi)	to arrive (vi)	[tə ə'raɪv]
apagar (vt)	to extinguish (vt)	[tə ɪk'stɪŋgwɪʃ]
água (f)	water	['wɔːtə(r)]
areia (f)	sand	[sænd]

ruínas (f pl)	ruins	['ruːɪnz]
ruir (vi)	to collapse (vi)	[tə kə'læps]
desmoronar (vi)	to fall down (vi)	[tə fɔːl daʊn]
desabar (vi)	to cave in	[tə keɪv ɪn]

| fragmento (m) | piece of debris | [piːs əv 'deɪbriː] |
| cinza (f) | ash | [æʃ] |

| sufocar (vi) | to suffocate (vi) | [tə 'sʌfəkeɪt] |
| perecer (vi) | to be killed | [tə biː 'kɪld] |

ATIVIDADES HUMANAS

Emprego. Negócios. Parte 1

97. Banca

banco (m)	bank	[bæŋk]
balcão (f)	branch	[brɑ:nʧ]
consultor (m) bancário	clerk, consultant	[klɜ:k], [kən'sʌltənt]
gerente (m)	manager	['mænɪʤə(r)]
conta (f)	bank account	[bæŋk ə'kaʊnt]
número (m) da conta	account number	[ə'kaʊnt 'nʌmbə(r)]
conta (f) corrente	checking account	['ʧekɪŋ ə'kaʊnt]
conta (f) poupança	savings account	['seɪvɪŋz ə'kaʊnt]
abrir uma conta	to open an account	[tu 'əʊpən ən ə'kaʊnt]
fechar uma conta	to close the account	[tə kləʊz ðɪ ə'kaʊnt]
depósito (m)	deposit	[dɪ'pɒzɪt]
fazer um depósito	to make a deposit	[tə meɪk ə dɪ'pɒzɪt]
transferência (f) bancária	wire transfer	['waɪə 'trænsfɜ:(r)]
transferir (vt)	to wire, to transfer	[tə 'waɪə], [tə træns'fɜ:]
soma (f)	sum	[sʌm]
Quanto?	How much?	[ˌhaʊ 'mʌʧ]
assinatura (f)	signature	['sɪgnəʧə(r)]
assinar (vt)	to sign (vt)	[tə saɪn]
cartão (m) de crédito	credit card	['kredɪt kɑ:d]
senha (f)	code	[kəʊd]
número (m) do cartão de crédito	credit card number	['kredɪt kɑ:d 'nʌmbə(r)]
caixa (m) eletrônico	ATM	[ˌeɪti:'em]
cheque (m)	check	[ʧek]
passar um cheque	to write a check	[tə ˌraɪt ə 'ʧek]
talão (m) de cheques	checkbook	['ʧekˌbʊk]
empréstimo (m)	loan	[ləʊn]
pedir um empréstimo	to apply for a loan	[tə ə'plaɪ fɔ:rə ləʊn]
obter empréstimo	to get a loan	[tə get ə ləʊn]
dar um empréstimo	to give a loan	[tə gɪv ə ləʊn]
garantia (f)	guarantee	[ˌgærən'ti:]

98. Telefone. Conversação telefônica

telefone (m)	telephone	['telɪfəʊn]
celular (m)	cell phone	['selfəʊn]
secretária (f) eletrônica	answering machine	['ɑ:nsərɪŋ mə'ʃi:n]

fazer uma chamada	to call (vi, vt)	[tə kɔ:l]
chamada (f)	phone call	[fəʊn kɔ:l]

discar um número	to dial a number	[tə 'daɪəl ə 'nʌmbə(r)]
Alô!	Hello!	[hə'ləʊ]
perguntar (vt)	to ask (vt)	[tə ɑ:sk]
responder (vt)	to answer (vi, vt)	[tə 'ɑ:nsə(r)]

ouvir (vt)	to hear (vt)	[tə hɪə(r)]
bem	well	[wel]
mal	not well	[nɒt wel]
ruído (m)	noises	[nɔɪzɪz]

fone (m)	receiver	[rɪ'si:və(r)]
pegar o telefone	to pick up the phone	[tə pɪk ʌp ðə fəʊn]
desligar (vi)	to hang up	[tə hæŋg ʌp]

ocupado (adj)	busy	['bɪzɪ]
tocar (vi)	to ring (vi)	[tə rɪŋ]
lista (f) telefônica	telephone book	['telɪfəʊn bʊk]

local (adj)	local	['ləʊkəl]
chamada (f) local	local call	['ləʊkəl kɔ:l]
de longa distância	long distance	[lɒŋ 'dɪstəns]
chamada (f) de longa distância	long distance call	[lɒŋ 'dɪstəns kɔ:l]
internacional (adj)	international	[ˌɪntə'næʃənəl]
chamada (f) internacional	international call	[ˌɪntə'næʃənəl kɔ:l]

99. Telefone móvel

celular (m)	cell phone	['selfəʊn]
tela (f)	display	[dɪ'spleɪ]
botão (m)	button	['bʌtən]
cartão SIM (m)	SIM card	[sɪm kɑ:d]

bateria (f)	battery	['bætərɪ]
descarregar-se (vr)	to be dead	[tə bi ded]
carregador (m)	charger	['tʃɑ:dʒə(r)]

menu (m)	menu	['menju:]
configurações (f pl)	settings	['setɪŋz]
melodia (f)	tune	[tju:n]
escolher (vt)	to select (vt)	[tə sɪ'lekt]

calculadora (f)	calculator	['kælkjʊleɪtə(r)]
correio (m) de voz	voice mail	[vɔɪs meɪl]

| despertador (m) | alarm clock | [ə'lɑːm klɒk] |
| contatos (m pl) | contacts | ['kɒntækts] |

| mensagem (f) de texto | SMS | [ˌesem'es] |
| assinante (m) | subscriber | [səb'skraɪbə(r)] |

100. Estacionário

| caneta (f) | ballpoint pen | ['bɔːlpɔɪnt pen] |
| caneta (f) tinteiro | fountain pen | ['faʊntɪn pen] |

lápis (m)	pencil	['pensəl]
marcador (m) de texto	highlighter	['haɪlaɪtə(r)]
caneta (f) hidrográfica	felt-tip pen	[felt tɪp pen]

| bloco (m) de notas | notepad | ['nəʊtpæd] |
| agenda (f) | agenda | [ə'dʒendə] |

régua (f)	ruler	['ruːlə(r)]
calculadora (f)	calculator	['kælkjʊleɪtə(r)]
borracha (f)	eraser	[ɪ'reɪsə(r)]
alfinete (m)	thumbtack	['θʌmtæk]
clipe (m)	paper clip	['peɪpə klɪp]

cola (f)	glue	[gluː]
grampeador (m)	stapler	['steɪplə(r)]
furador (m) de papel	hole punch	[həʊl pʌntʃ]
apontador (m)	pencil sharpener	['pensəl 'ʃɑːpənə(r)]

Emprego. Negócios. Parte 2

101. Media

jornal (m)	newspaper	['nju:z,peɪpə(r)]
revista (f)	magazine	[,mæɡə'zi:n]
imprensa (f)	press	[pres]
rádio (m)	radio	['reɪdɪəʊ]
estação (f) de rádio	radio station	['reɪdɪəʊ 'steɪʃən]
televisão (f)	television	['telɪ,vɪʒən]
apresentador (m)	presenter, host	[prɪ'zentə(r)], [həʊst]
locutor (m)	newscaster	['nju:z,kɑ:stə(r)]
comentarista (m)	commentator	['kɒmən,teɪtə(r)]
jornalista (m)	journalist	['dʒɜ:nəlɪst]
correspondente (m)	correspondent	[,kɒrɪ'spɒndənt]
repórter (m) fotográfico	press photographer	[pres fə'tɒɡrəfə(r)]
repórter (m)	reporter	[rɪ'pɔ:tə(r)]
redator (m)	editor	['edɪtə(r)]
redator-chefe (m)	editor-in-chief	['edɪtər ɪn tʃi:f]
assinar a ...	to subscribe to ...	[tə səb'skraɪb tə]
assinatura (f)	subscription	[səb'skrɪpʃən]
assinante (m)	subscriber	[səb'skraɪbə(r)]
ler (vt)	to read (vi, vt)	[tə ri:d]
leitor (m)	reader	['ri:də(r)]
tiragem (f)	circulation	[,sɜ:kjʊ'leɪʃən]
mensal (adj)	monthly	['mʌnθlɪ]
semanal (adj)	weekly	['wi:klɪ]
número (jornal, revista)	issue	['ɪʃu:]
recente, novo (adj)	new, recent	[nju:], ['ri:sənt]
manchete (f)	headline	['hedlaɪn]
pequeno artigo (m)	short article	[ʃɔ:t 'ɑ:tɪkəl]
coluna (~ semanal)	column	['kɒləm]
artigo (m)	article	['ɑ:tɪkəl]
página (f)	page	[peɪdʒ]
reportagem (f)	reportage, report	[,repɔ:'tɑ:ʒ], [rɪ'pɔ:t]
evento (festa, etc.)	event	[ɪ'vent]
sensação (f)	sensation	[sen'seɪʃən]
escândalo (m)	scandal	['skændəl]
escandaloso (adj)	scandalous	['skændələs]
grande (adj)	great	[greɪt]
programa (m)	show	[ʃəʊ]
entrevista (f)	interview	['ɪntəvju:]

| transmissão (f) ao vivo | live broadcast | [laɪv 'brɔ:dkɑ:st] |
| canal (m) | channel | ['ʧænəl] |

102. Agricultura

agricultura (f)	agriculture	['ægrɪ͵kʌlʧə(r)]
camponês (m)	peasant	['pezənt]
camponesa (f)	peasant	['pezənt]
agricultor, fazendeiro (m)	farmer	['fɑ:mə(r)]

| trator (m) | tractor | ['træktə(r)] |
| colheitadeira (f) | harvester | ['hɑ:vɪstə(r)] |

arado (m)	plow	[plaʊ]
arar (vt)	to plow (vi, vt)	[tə plaʊ]
campo (m) lavrado	plowland	[plaʊ lænd]
sulco (m)	furrow	['fʌrəʊ]

semear (vt)	to sow (vi, vt)	[tə səʊ]
plantadeira (f)	seeder	['si:də(r)]
semeadura (f)	sowing	['səʊɪŋ]

| foice (m) | scythe | [saɪð] |
| cortar com foice | to mow, to scythe | [tə məʊ], [tə saɪð] |

| pá (f) | spade | [speɪd] |
| cavar (vt) | to till (vt) | [tə tɪl] |

enxada (f)	hoe	[həʊ]
capinar (vt)	to hoe, to weed	[tə həʊ], [tə wi:d]
erva (f) daninha	weed	[wi:d]

regador (m)	watering can	['wɔ:tərɪŋ kæn]
regar (plantas)	to water (vt)	[tə 'wɔ:tə(r)]
rega (f)	watering	['wɔ:tərɪŋ]

| forquilha (f) | pitchfork | ['pɪʧfɔ:k] |
| ancinho (m) | rake | [reɪk] |

fertilizante (m)	fertilizer	['fɜ:tɪlaɪzə(r)]
fertilizar (vt)	to fertilize (vt)	[tə 'fɜ:tɪlaɪz]
estrume, esterco (m)	manure	[mə'njʊə(r)]

campo (m)	field	[fi:ld]
prado (m)	meadow	['medəʊ]
horta (f)	vegetable garden	['veʤtəbəl 'gɑ:dən]
pomar (m)	orchard	['ɔ:ʧəd]

pastar (vt)	to graze (vt)	[tə greɪz]
pastor (m)	herder	['hɜ:də(r)]
pastagem (f)	pasture	['pɑ:stə(r)]

| pecuária (f) | cattle breeding | ['kætəl 'bri:dɪŋ] |
| criação (f) de ovelhas | sheep farming | [ʃi:p 'fɑ:mɪŋ] |

plantação (f)	plantation	[plæn'teɪʃən]
canteiro (m)	row	[rəʊ]
estufa (f)	hothouse	['hɒthaʊs]

seca (f)	drought	[draʊt]
seco (verão ~)	dry	[draɪ]

grão (m)	grain	[greɪn]
colher (vt)	to harvest (vt)	[tə 'hɑːvɪst]

moleiro (m)	miller	['mɪlə(r)]
moinho (m)	mill	[mɪl]
moer (vt)	to grind (vt)	[tə graɪnd]
farinha (f)	flour	['flaʊə(r)]
palha (f)	straw	[strɔː]

103. Construção. Processo de construção

canteiro (m) de obras	construction site	[kən'strʌkʃən saɪt]
construir (vt)	to build (vt)	[tə bɪld]
construtor (m)	construction worker	[kən'strʌkʃən 'wɜːkə(r)]

projeto (m)	project	['prɒdʒekt]
arquiteto (m)	architect	['ɑːkɪtekt]
operário (m)	worker	['wɜːkə(r)]

fundação (f)	foundation	[faʊn'deɪʃən]
telhado (m)	roof	[ruːf]
estaca (f)	foundation pile	[faʊn'deɪʃən paɪl]
parede (f)	wall	[wɔːl]

colunas (f pl) de sustentação	reinforcing bars	[ˌriːɪn'fɔːsɪŋ bɑː(r)s]
andaime (m)	scaffolding	['skæfəldɪŋ]

concreto (m)	concrete	['kɒŋkriːt]
granito (m)	granite	['grænɪt]
pedra (f)	stone	[stəʊn]
tijolo (m)	brick	[brɪk]

areia (f)	sand	[sænd]
cimento (m)	cement	[sɪ'ment]
emboço, reboco (m)	plaster	['plɑːstə(r)]
emboçar, rebocar (vt)	to plaster (vt)	[tə 'plɑːstə(r)]

tinta (f)	paint	[peɪnt]
pintar (vt)	to paint (vt)	[tə peɪnt]
barril (m)	barrel	['bærəl]

grua (f), guindaste (m)	crane	[kreɪn]
erguer (vt)	to lift (vt)	[tə lɪft]
baixar (vt)	to lower (vt)	[tə 'ləʊə(r)]

buldózer (m)	bulldozer	['bʊldəʊzə(r)]
escavadora (f)	excavator	['ekskəˌveɪtə(r)]

caçamba (f)	**scoop, bucket**	[sku:p], ['bʌkɪt]
escavar (vt)	**to dig** (vt)	[tə dɪg]
capacete (m) de proteção	**hard hat**	[hɑ:d hæt]

Profissões e ocupações

104. Procura de emprego. Demissão

trabalho (m)	job	[dʒɒb]
equipe (f)	staff	[stɑ:f]
pessoal (m)	personnel	[ˌpɜ:sə'nel]
carreira (f)	career	[kə'rɪə(r)]
perspectivas (f pl)	prospects	['prɒspekts]
habilidades (f pl)	skills, mastery	[skɪls], ['mɑ:stərɪ]
seleção (f)	selection	[sɪ'lekʃən]
agência (f) de emprego	employment agency	[ɪm'plɔɪmənt 'eɪdʒənsɪ]
currículo (m)	résumé	['rezju:meɪ]
entrevista (f) de emprego	job interview	['dʒɒb ˌɪntəvju:]
vaga (f)	vacancy, opening	['veɪkənsɪ], ['əʊpənɪŋ]
salário (m)	salary, pay	['sælərɪ], [peɪ]
pagamento (m)	pay, compensation	[peɪ], [ˌkɒmpen'seɪʃən]
cargo (m)	position	[pə'zɪʃən]
dever (do empregado)	duty	['dju:tɪ]
gama (f) de deveres	range of duties	[reɪndʒ əv 'dju:tɪz]
ocupado (adj)	busy	['bɪzɪ]
despedir, demitir (vt)	to fire, to dismiss	[tə 'faɪə], [tə dɪs'mɪs]
demissão (f)	dismissal	[dɪs'mɪsəl]
desemprego (m)	unemployment	[ˌʌnɪm'plɔɪmənt]
desempregado (m)	unemployed	[ˌʌnɪm'plɔɪd]
aposentadoria (f)	retirement	[rɪ'taɪəmənt]
aposentar-se (vr)	to retire (vi)	[tə rɪ'taɪə(r)]

105. Gente de negócios

diretor (m)	director	[dɪ'rektə(r)]
gerente (m)	manager	['mænɪdʒə(r)]
patrão, chefe (m)	boss	[bɒs]
superior (m)	superior	[su:'pɪərɪə]
superiores (m pl)	superiors	[su:'pɪərɪərz]
presidente (m)	president	['prezɪdənt]
chairman (m)	chairman	['tʃeəmən]
substituto (m)	deputy	['depjʊtɪ]
assistente (m)	assistant	[ə'sɪstənt]
secretário (m)	secretary	['sekrətərɪ]

secretário (m) pessoal	personal assistant	[ˈpɜːsənəl əˈsistənt]
homem (m) de negócios	businessman	[ˈbɪznɪsmæn]
empreendedor (m)	entrepreneur	[ˌɒntrəprəˈnɜː(r)]
fundador (m)	founder	[ˈfaʊndə(r)]
fundar (vt)	to found (vt)	[tə faʊnd]

principiador (m)	incorporator	[ɪnˈkɔːpəreɪtə]
parceiro, sócio (m)	partner	[ˈpɑːtnə(r)]
acionista (m)	stockholder	[ˈstɒkˌhəʊldə(r)]

milionário (m)	millionaire	[ˌmɪljəˈneə(r)]
bilionário (m)	billionaire	[ˌbɪljəˈneə(r)]
proprietário (m)	owner	[ˈəʊnə(r)]
proprietário (m) de terras	landowner	[ˈlændˌəʊnə(r)]

cliente (m)	client	[ˈklaɪənt]
cliente (m) habitual	regular client	[ˈreɡjʊlə ˈklaɪənt]
comprador (m)	buyer	[ˈbaɪə(r)]
visitante (m)	visitor	[ˈvɪzɪtə(r)]

profissional (m)	professional	[prəˈfeʃənəl]
perito (m)	expert	[ˈekspɜːt]
especialista (m)	specialist	[ˈspeʃəlɪst]

banqueiro (m)	banker	[ˈbæŋkə(r)]
corretor (m)	broker	[ˈbrəʊkə(r)]

caixa (m, f)	cashier, teller	[kæˈʃɪə], [ˈtelə]
contador (m)	accountant	[əˈkaʊntənt]
guarda (m)	security guard	[sɪˈkjʊərətɪ ɡɑːd]

investidor (m)	investor	[ɪnˈvestə(r)]
devedor (m)	debtor	[ˈdetə(r)]
credor (m)	creditor	[ˈkredɪtə(r)]
mutuário (m)	borrower	[ˈbɒrəʊə(r)]

importador (m)	importer	[ɪmˈpɔːtə(r)]
exportador (m)	exporter	[ekˈspɔːtə(r)]

produtor (m)	manufacturer	[ˌmænjʊˈfækʧərə(r)]
distribuidor (m)	distributor	[dɪˈstrɪbjʊtə(r)]
intermediário (m)	middleman	[ˈmɪdəlmæn]

consultor (m)	consultant	[kənˈsʌltənt]
representante comercial	sales representative	[ˈseɪlz ˌreprɪˈzentətɪv]
agente (m)	agent	[ˈeɪdʒənt]
agente (m) de seguros	insurance agent	[ɪnˈʃʊərəns ˈeɪdʒənt]

106. Profissões de serviços

cozinheiro (m)	cook	[kʊk]
chefe (m) de cozinha	chef	[ʃef]
barman (m)	bartender	[ˈbɑːrˌtendə(r)]
garçom (m)	waiter	[ˈweɪtə(r)]

garçonete (f)	waitress	['weɪtrɪs]
advogado (m)	lawyer, attorney	['lɔːjə(r)], [ə'tɜːnɪ]
jurista (m)	lawyer	['lɔːjə(r)]
notário (m)	notary public	['nəʊtərɪ 'pʌblɪk]

eletricista (m)	electrician	[ˌɪlek'trɪʃən]
encanador (m)	plumber	['plʌmə(r)]
carpinteiro (m)	carpenter	['kɑːpəntə(r)]

massagista (m)	masseur	[mæ'sʊər]
massagista (f)	masseuse	[mæ'suːz]
médico (m)	doctor	['dɒktə(r)]

taxista (m)	taxi driver	['tæksɪ 'draɪvə(r)]
condutor (automobilista)	driver	['draɪvə(r)]
entregador (m)	delivery man	[dɪ'lɪvərɪ mæn]

camareira (f)	chambermaid	['tʃeɪmbəˌmeɪd]
guarda (m)	security guard	[sɪ'kjʊərətɪ gɑːd]
aeromoça (f)	flight attendant	[ˌflaɪt ə'tendənt]

professor (m)	teacher	['tiːtʃə(r)]
bibliotecário (m)	librarian	[laɪ'breərɪən]
tradutor (m)	translator	[træns'leɪtə(r)]
intérprete (m)	interpreter	[ɪn'tɜːprɪtə(r)]
guia (m)	guide	[gaɪd]

cabeleireiro (m)	hairdresser	['heəˌdresə(r)]
carteiro (m)	mailman	['meɪlmən]
vendedor (m)	salesman	['seɪlzmən]

jardineiro (m)	gardener	['gɑːdnə(r)]
criado (m)	servant	['sɜːvənt]
criada (f)	maid	[meɪd]
empregada (f) de limpeza	cleaner	['kliːnə(r)]

107. Profissões militares e postos

soldado (m) raso	private	['praɪvɪt]
sargento (m)	sergeant	['sɑːdʒənt]
tenente (m)	lieutenant	[luː'tenənt]
capitão (m)	captain	['kæptɪn]

major (m)	major	['meɪdʒə(r)]
coronel (m)	colonel	['kɜːnəl]
general (m)	general	['dʒenərəl]
marechal (m)	marshal	['mɑːʃəl]
almirante (m)	admiral	['ædmərəl]

militar (m)	military	['mɪlɪtərɪ]
soldado (m)	soldier	['səʊldʒə(r)]
oficial (m)	officer	['ɒfɪsə(r)]
comandante (m)	commander	[kə'mɑːndə(r)]
guarda (m) de fronteira	border guard	['bɔːdə gɑːd]

operador (m) de rádio	radio operator	['reɪdɪəʊ 'ɒpəreɪtə(r)]
explorador (m)	scout	[skaʊt]
sapador-mineiro (m)	pioneer	[ˌpaɪə'nɪə(r)]
atirador (m)	marksman	['mɑːksmən]
navegador (m)	navigator	['nævɪɡeɪtə(r)]

108. Oficiais. Padres

| rei (m) | king | [kɪŋ] |
| rainha (f) | queen | [kwiːn] |

| príncipe (m) | prince | [prɪns] |
| princesa (f) | princess | [prɪn'ses] |

| czar (m) | czar | [zɑː(r)] |
| czarina (f) | czarina | [zɑː'riːnə] |

presidente (m)	President	['prezɪdənt]
ministro (m)	Secretary	['sekrətərɪ]
primeiro-ministro (m)	Prime minister	[praɪm 'mɪnɪstə(r)]
senador (m)	Senator	['senətə(r)]

diplomata (m)	diplomat	['dɪpləmæt]
cônsul (m)	consul	['kɒnsəl]
embaixador (m)	ambassador	[æm'bæsədə(r)]
conselheiro (m)	counselor	['kaʊnsələ(r)]

funcionário (m)	official, functionary	[ə'fɪʃəl], ['fʌŋkʃənərɪ]
prefeito (m)	prefect	['priːfekt]
Presidente (m) da Câmara	mayor	[meə(r)]

| juiz (m) | judge | [dʒʌdʒ] |
| procurador (m) | district attorney | ['dɪstrɪkt ə'tɜːnɪ] |

missionário (m)	missionary	['mɪʃənrɪ]
monge (m)	monk	[mʌŋk]
abade (m)	abbot	['æbət]
rabino (m)	rabbi	['ræbaɪ]

vizir (m)	vizier	[vɪ'zɪə(r)]
xá (m)	shah	[ʃɑː]
xeique (m)	sheikh	[ʃeɪk]

109. Profissões agrícolas

abelheiro (m)	beekeeper	['biːˌkiːpə(r)]
pastor (m)	herder	['hɜːdə(r)]
agrônomo (m)	agronomist	[ə'grɒnəmɪst]
criador (m) de gado	cattle breeder	['kætəl 'briːdə(r)]
veterinário (m)	veterinarian	[ˌvetərɪ'neərɪən]
agricultor, fazendeiro (m)	farmer	['fɑːmə(r)]
vinicultor (m)	winemaker	['waɪn ˌmeɪkə(r)]

zoólogo (m)	zoologist	[zəʊˈɒlədʒɪst]
vaqueiro (m)	cowboy	[ˈkaʊbɔɪ]

110. Profissões artísticas

ator (m)	actor	[ˈæktə(r)]
atriz (f)	actress	[ˈæktrɪs]

cantor (m)	singer	[ˈsɪŋə(r)]
cantora (f)	singer	[ˈsɪŋə(r)]

bailarino (m)	dancer	[ˈdɑːnsə(r)]
bailarina (f)	dancer	[ˈdɑːnsə(r)]

músico (m)	musician	[mjuːˈzɪʃən]
pianista (m)	pianist	[ˈpɪənɪst]
guitarrista (m)	guitar player	[gɪˈtɑːr ˈpleɪə(r)]

maestro (m)	conductor	[kənˈdʌktə(r)]
compositor (m)	composer	[kəmˈpəʊzə(r)]
empresário (m)	impresario	[ˌɪmprɪˈsɑːrɪəʊ]

diretor (m) de cinema	film director	[fɪlm dɪˈrektə(r)]
produtor (m)	producer	[prəˈdjuːsə(r)]
roteirista (m)	scriptwriter	[ˈskrɪptˌraɪtə(r)]
crítico (m)	critic	[ˈkrɪtɪk]

escritor (m)	writer	[ˈraɪtə(r)]
poeta (m)	poet	[ˈpəʊɪt]
escultor (m)	sculptor	[ˈskʌlptə(r)]
pintor (m)	artist, painter	[ˈɑːtɪst], [ˈpeɪntə(r)]

malabarista (m)	juggler	[ˈdʒʌglə(r)]
palhaço (m)	clown	[klaʊn]
acrobata (m)	acrobat	[ˈækrəbæt]
ilusionista (m)	magician	[məˈdʒɪʃən]

111. Várias profissões

médico (m)	doctor	[ˈdɒktə(r)]
enfermeira (f)	nurse	[nɜːs]
psiquiatra (m)	psychiatrist	[saɪˈkaɪətrɪst]
dentista (m)	dentist	[ˈdentɪst]
cirurgião (m)	surgeon	[ˈsɜːdʒən]

astronauta (m)	astronaut	[ˈæstrənɔːt]
astrônomo (m)	astronomer	[əˈstrɒnəmə(r)]
piloto (m)	pilot	[ˈpaɪlət]

motorista (m)	driver	[ˈdraɪvə(r)]
maquinista (m)	engineer	[ˌendʒɪˈnɪə(r)]
mecânico (m)	mechanic	[mɪˈkænɪk]

mineiro (m)	miner	['maɪnə(r)]
operário (m)	worker	['wɜːkə(r)]
serralheiro (m)	locksmith	['lɒksmɪθ]
marceneiro (m)	joiner	['dʒɔɪnə(r)]
torneiro (m)	turner	['tɜːnə(r)]
construtor (m)	construction worker	[kən'strʌkʃən 'wɜːkə(r)]
soldador (m)	welder	[weldə(r)]
professor (m)	professor	[prə'fesə(r)]
arquiteto (m)	architect	['ɑːkɪtekt]
historiador (m)	historian	[hɪ'stɔːrɪən]
cientista (m)	scientist	['saɪəntɪst]
físico (m)	physicist	['fɪzɪsɪst]
químico (m)	chemist	['kemɪst]
arqueólogo (m)	archeologist	[ˌɑːkɪ'ɒlədʒɪst]
geólogo (m)	geologist	[dʒɪ'ɒlədʒɪst]
pesquisador (cientista)	researcher	[rɪ'sɜːtʃə(r)]
babysitter, babá (f)	babysitter	['beɪbɪ 'sɪtə(r)]
professor (m)	teacher, educator	['tiːtʃə(r)], ['edʒʊkeɪtə(r)]
redator (m)	editor	['edɪtə(r)]
redator-chefe (m)	editor-in-chief	['edɪtər ɪn tʃiːf]
correspondente (m)	correspondent	[ˌkɒrɪ'spɒndənt]
datilógrafa (f)	typist	['taɪpɪst]
designer (m)	designer	[dɪ'zaɪnə(r)]
especialista (m) em informática	computer expert	[kəm'pjuːtər 'ekspɜːt]
programador (m)	programmer	['prəʊɡræmə(r)]
engenheiro (m)	engineer	[ˌendʒɪ'nɪə(r)]
marujo (m)	sailor	['seɪlə(r)]
marinheiro (m)	seaman	['siːmən]
socorrista (m)	rescuer	['reskjʊə(r)]
bombeiro (m)	fireman	['faɪəmən]
polícia (m)	police officer	[pə'liːs 'ɒfɪsə(r)]
guarda-noturno (m)	watchman	['wɒtʃmən]
detetive (m)	detective	[dɪ'tektɪv]
funcionário (m) da alfândega	customs officer	['kʌstəmz 'ɒfɪsə(r)]
guarda-costas (m)	bodyguard	['bɒdɪgɑːd]
guarda (m) prisional	prison guard	['prɪzən gɑːd]
inspetor (m)	inspector	[ɪn'spektə(r)]
esportista (m)	sportsman	['spɔːtsmən]
treinador (m)	trainer, coach	['treɪnə(r)], [kəʊtʃ]
açougueiro (m)	butcher	['bʊtʃə(r)]
sapateiro (m)	cobbler, shoe repairer	['kɒblə(r)], [ʃuː rɪ'peərə(r)]
comerciante (m)	merchant	['mɜːtʃənt]
carregador (m)	loader	['ləʊdə(r)]
estilista (m)	fashion designer	['fæʃən dɪ'zaɪnə(r)]
modelo (f)	model	['mɒdəl]

112. Ocupações. Estatuto social

estudante (~ de escola)	schoolboy	['sku:lbɔɪ]
estudante (~ universitária)	student	['stju:dənt]
filósofo (m)	philosopher	[fɪ'lɒsəfə(r)]
economista (m)	economist	[ɪ'kɒnəmɪst]
inventor (m)	inventor	[ɪn'ventə(r)]
desempregado (m)	unemployed	[ˌʌnɪm'plɔɪd]
aposentado (m)	retiree	[ˌrɪtaɪə'ri:]
espião (m)	spy, secret agent	[spaɪ], ['si:krɪt 'eɪdʒənt]
preso, prisioneiro (m)	prisoner	['prɪzənə(r)]
grevista (m)	striker	['straɪkə(r)]
burocrata (m)	bureaucrat	['bjʋərəkræt]
viajante (m)	traveler	['trævələ(r)]
homossexual (m)	gay, homosexual	[geɪ], [ˌhɒmə'sekʃʋəl]
hacker (m)	hacker	['hækə(r)]
hippie (m, f)	hippie	['hɪpɪ]
bandido (m)	bandit	['bændɪt]
assassino (m)	hit man, killer	[hɪt mæn], ['kɪlə(r)]
drogado (m)	drug addict	['drʌg ˌædɪkt]
traficante (m)	drug dealer	['drʌg ˌdi:lə(r)]
prostituta (f)	prostitute	['prɒstɪtju:t]
cafetão (m)	pimp	[pɪmp]
bruxo (m)	sorcerer	['sɔ:sərə(r)]
bruxa (f)	sorceress	['sɔ:sərɪs]
pirata (m)	pirate	['paɪrət]
escravo (m)	slave	[sleɪv]
samurai (m)	samurai	['sæmʋraɪ]
selvagem (m)	savage	['sævɪdʒ]

Desportos

113. Tipos de desportos. Desportistas

esportista (m)	sportsman	['spɔːtsmən]
tipo (m) de esporte	kind of sports	[kaɪnd əv spɔːts]
basquete (m)	basketball	['bɑːskɪtbɔːl]
jogador (m) de basquete	basketball player	['bɑːskɪtbɔːl 'pleɪə(r)]
beisebol (m)	baseball	['beɪsbɔːl]
jogador (m) de beisebol	baseball player	['beɪsbɔːl 'pleɪə(r)]
futebol (m)	soccer	['sɒkə(r)]
jogador (m) de futebol	soccer player	['sɒkə 'pleɪə(r)]
goleiro (m)	goalkeeper	['gəʊlˌkiːpə(r)]
hóquei (m)	hockey	[ˌhɒkɪ]
jogador (m) de hóquei	hockey player	[ˌhɒkɪ 'pleɪə(r)]
vôlei (m)	volleyball	['vɒlɪbɔːl]
jogador (m) de vôlei	volleyball player	['vɒlɪbɔːl 'pleɪə(r)]
boxe (m)	boxing	['bɒksɪŋ]
boxeador (m)	boxer	['bɒksə(r)]
luta (f)	wrestling	['reslɪŋ]
lutador (m)	wrestler	['reslə(r)]
caratê (m)	karate	[kə'rɑːtɪ]
carateca (m)	karate fighter	[kə'rɑːtɪ 'faɪtər]
judô (m)	judo	['dʒuːdəʊ]
judoca (m)	judo athlete	['dʒuːdəʊ 'æθliːt]
tênis (m)	tennis	['tenɪs]
tenista (m)	tennis player	['tenɪs 'pleɪə(r)]
natação (f)	swimming	['swɪmɪŋ]
nadador (m)	swimmer	['swɪmə(r)]
esgrima (f)	fencing	['fensɪŋ]
esgrimista (m)	fencer	['fensə(r)]
xadrez (m)	chess	[ʧes]
jogador (m) de xadrez	chess player	[ʧes 'pleɪə(r)]
alpinismo (m)	alpinism	['ælpɪnɪzəm]
alpinista (m)	alpinist	['ælpɪnɪst]
corrida (f)	running	['rʌnɪŋ]

corredor (m)	runner	['rʌnə(r)]
atletismo (m)	athletics	[æθ'letɪks]
atleta (m)	athlete	['æθli:t]

| hipismo (m) | horseback riding | ['hɔːsbæk 'raɪdɪŋ] |
| cavaleiro (m) | horse rider | [hɔːs 'raɪdə(r)] |

patinação (f) artística	figure skating	['fɪgjə 'skeɪtɪŋ]
patinador (m)	figure skater	['fɪgjə 'skeɪtə(r)]
patinadora (f)	figure skater	['fɪgjə 'skeɪtə(r)]

| halterofilismo (m) | powerlifting | ['pauər'lɪftɪŋ] |
| halterofilista (m) | powerlifter | ['pauər'lɪftə(r)] |

| corrida (f) de carros | car racing | [kɑ: 'reɪsɪŋ] |
| piloto (m) | racer | ['reɪsə(r)] |

| ciclismo (m) | cycling | ['saɪklɪŋ] |
| ciclista (m) | cyclist | ['saɪklɪst] |

salto (m) em distância	broad jump	[brɔːd dʒʌmp]
salto (m) com vara	pole vault	[pəul 'vɔːlt]
atleta (m) de saltos	jumper	['dʒʌmpə(r)]

114. Tipos de desportos. Diversos

futebol (m) americano	football	['fut̩bɔːl]
badminton (m)	badminton	['bædmɪntən]
biatlo (m)	biathlon	[baɪ'æθlɒn]
bilhar (m)	billiards	['bɪljədz]

bobsled (m)	bobsled	['bɒbsled]
musculação (f)	bodybuilding	['bɒdɪˌbɪldɪŋ]
polo (m) aquático	water polo	['wɔːtə 'pəuləu]
handebol (m)	handball	['hændbɔːl]
golfe (m)	golf	[gɒlf]

remo (m)	rowing, crew	['rəuɪŋ], [kru:]
mergulho (m)	scuba diving	['skuːbə 'daɪvɪŋ]
corrida (f) de esqui	cross-country skiing	[krɒs 'kʌntrɪ 'skiːɪŋ]
tênis (m) de mesa	ping-pong	['pɪŋpɒŋ]

vela (f)	sailing	['seɪlɪŋ]
rali (m)	rally racing	['rælɪ 'reɪsɪŋ]
rúgbi (m)	rugby	['rʌgbɪ]
snowboard (m)	snowboarding	['snəubɔːdɪŋ]
arco-e-flecha (m)	archery	['ɑːʧərɪ]

115. Ginásio

| barra (f) | barbell | ['bɑːbel] |
| halteres (m pl) | dumbbells | ['dʌmbelz] |

aparelho (m) de musculação	training machine	['treɪnɪŋ məˈʃiːn]
bicicleta (f) ergométrica	exercise bicycle	['eksəsaɪz 'baɪsɪkəl]
esteira (f) de corrida	treadmill	['tredmɪl]

barra (f) fixa	horizontal bar	[ˌhɒrɪˈzɒntəl bɑː(r)]
barras (f pl) paralelas	parallel bars	['pærəlel bɑːz]
cavalo (m)	vault	[vɔːlt]
tapete (m) de ginástica	mat	[mæt]

corda (f) de saltar	jump rope	['dʒʌmp rəʊp]
aeróbica (f)	aerobics	[eəˈrəʊbɪks]
ioga, yoga (f)	yoga	['jəʊgə]

116. Desportos. Diversos

Jogos (m pl) Olímpicos	Olympic Games	[əˈlɪmpɪk geɪmz]
vencedor (m)	winner	['wɪnə(r)]
vencer (vi, vt)	to win (vi)	[tə wɪn]

| líder (m) | leader | ['liːdə(r)] |
| liderar (vt) | to lead (vi) | [tə liːd] |

primeiro lugar (m)	first place	[fɜːst pleɪs]
segundo lugar (m)	second place	['sekənd pleɪs]
terceiro lugar (m)	third place	[θɜːd pleɪs]

medalha (f)	medal	['medəl]
troféu (m)	trophy	['trəʊfɪ]
taça (f)	prize cup	[praɪz kʌp]
prêmio (m)	prize	[praɪz]
prêmio (m) principal	main prize	[meɪn praɪz]

| recorde (m) | record | ['rekɔːd] |
| estabelecer um recorde | to set a record | [tə set ə 'rekɔːd] |

| final (m) | final | ['faɪnəl] |
| final (adj) | final | ['faɪnəl] |

| campeão (m) | champion | ['tʃæmpjən] |
| campeonato (m) | championship | ['tʃæmpjənʃɪp] |

estádio (m)	stadium	['steɪdjəm]
arquibancadas (f pl)	stand, bleachers	[stænd], ['bliːtʃez]
fã, torcedor (m)	fan, supporter	[fæn], [səˈpɔːtə(r)]
adversário (m)	opponent, rival	[əˈpəʊnənt], ['raɪvəl]

| partida (f) | start | [stɑːt] |
| linha (f) de chegada | finish line | ['fɪnɪʃ laɪn] |

árbitro, juiz (m)	referee	[ˌrefəˈriː]
júri (m)	jury, judges	['dʒʊərɪ], [dʒʌdʒəs]
resultado (m)	score	[skɔː(r)]
empate (m)	tie	[taɪ]
empatar (vi)	to tie (vi)	[tə taɪ]

| ponto (m) | **point** | [pɔɪnt] |
| resultado (m) final | **result** | [rɪ'zʌlt] |

| tempo (m) | **period** | ['pɪərɪəd] |
| intervalo (m) | **half-time** | [hɑːf taɪm] |

doping (m)	**doping**	['dəʊpɪŋ]
penalizar (vt)	**to penalize** (vt)	[tə 'piːnəlaɪz]
desqualificar (vt)	**to disqualify** (vt)	[tə ˌdɪs'kwɒlɪfaɪ]

aparelho, aparato (m)	**apparatus**	[ˌæpə'reɪtəs]
dardo (m)	**javelin**	['dʒævəlɪn]
peso (m)	**shot**	[ʃɒt]
bola (f)	**ball**	[bɔːl]

alvo, objetivo (m)	**aim, target**	[eɪm], ['tɑːgɪt]
alvo (~ de papel)	**target**	['tɑːgɪt]
disparar, atirar (vi)	**to shoot** (vi)	[tə ʃuːt]
preciso (tiro ~)	**accurate**	['ækjʊrət]

treinador (m)	**trainer, coach**	['treɪnə(r)], [kəʊʧ]
treinar (vt)	**to train** (vt)	[tə treɪn]
treinar-se (vr)	**to train** (vi)	[tə treɪn]
treino (m)	**training**	['treɪnɪŋ]

academia (f) de ginástica	**gym**	[dʒɪm]
exercício (m)	**exercise**	['eksəsaɪz]
aquecimento (m)	**warm-up**	[ˌwɔːm'ʌp]

Educação

117. Escola

escola (f)	school	[skuːl]
diretor (m) de escola	principal	['prɪnsɪpəl]
aluno (m)	pupil	['pjuːpəl]
aluna (f)	pupil	['pjuːpəl]
estudante (m)	schoolboy	['skuːlbɔɪ]
estudante (f)	schoolgirl	['skuːlgɜːl]
ensinar (vt)	to teach (vt)	[tə tiːtʃ]
aprender (vt)	to learn (vt)	[tə lɜːn]
decorar (vt)	to learn by heart	[tə lɜːn baɪ hɑːt]
estudar (vi)	to learn (vt)	[tə lɜːn]
estar na escola	to be at school	[tə bi ət skuːl]
ir à escola	to go to school	[tə gəʊ tə skuːl]
alfabeto (m)	alphabet	['ælfəbet]
disciplina (f)	subject	['sʌbdʒɪkt]
sala (f) de aula	classroom	['klɑːsrʊm]
lição, aula (f)	lesson	['lesən]
recreio (m)	recess	['riːses]
toque (m)	school bell	[skuːl bel]
classe (f)	desk	[desk]
quadro (m) negro	chalkboard	['tʃɔːkbɔːd]
nota (f)	grade	[greɪd]
boa nota (f)	good grade	[gʊd greɪd]
nota (f) baixa	bad grade	[bæd greɪd]
dar uma nota	to give a grade	[tə gɪv ə greɪd]
erro (m)	mistake	[mɪ'steɪk]
errar (vi)	to make mistakes	[tə meɪk mɪ'steɪks]
corrigir (~ um erro)	to correct (vt)	[tə kə'rekt]
cola (f)	cheat sheet	['tʃiːt ʃiːt]
dever (m) de casa	homework	['həʊmwɜːk]
exercício (m)	exercise	['eksəsaɪz]
estar presente	to be present	[tə bi 'prezənt]
estar ausente	to be absent	[tə bi 'æbsənt]
faltar às aulas	to miss school	[tə mɪs skuːl]
punir (vt)	to punish (vt)	[tə 'pʌnɪʃ]
punição (f)	punishment	['pʌnɪʃmənt]
comportamento (m)	conduct	['kɒndʌkt]

boletim (m) escolar	report card	[rɪ'pɔːt kɑːd]
lápis (m)	pencil	['pensəl]
borracha (f)	eraser	[ɪ'reɪsə(r)]
giz (m)	chalk	[ʧɔːk]
porta-lápis (m)	pencil case	['pensəl keɪs]

mala, pasta, mochila (f)	schoolbag	['skuːlbæg]
caneta (f)	pen	[pen]
caderno (m)	school notebook	[skuːl 'nəʊtbʊk]
livro (m) didático	textbook	['tekstbʊk]
compasso (m)	drafting compass	['drɑːftɪŋ 'kʌmpəs]

| traçar (vt) | to make technical drawings | [tə meɪk 'teknɪkəl 'drɔːɪŋs] |
| desenho (m) técnico | technical drawing | ['teknɪkəl 'drɔːɪŋ] |

poesia (f)	poem	['pəʊɪm]
de cor	by heart	[baɪ hɑːt]
decorar (vt)	to learn by heart	[tə lɜːn baɪ hɑːt]

férias (f pl)	school vacation	[skuːl və'keɪʃən]
estar de férias	to be on vacation	[tə bi ɒn və'keɪʃən]
passar as férias	to spend one's vacation	[tə spend wʌns və'keɪʃən]

teste (m), prova (f)	test	[test]
redação (f)	essay	['eseɪ]
ditado (m)	dictation	[dɪk'teɪʃən]
exame (m), prova (f)	exam	[ɪg'zæm]
fazer prova	to take an exam	[tə ˌteɪk ən ɪg'zæm]
experiência (~ química)	experiment	[ɪk'sperɪmənt]

118. Colégio. Universidade

academia (f)	academy	[ə'kædəmɪ]
universidade (f)	university	[ˌjuːnɪ'vɜːsətɪ]
faculdade (f)	faculty	['fækəltɪ]

estudante (m)	student	['stjuːdənt]
estudante (f)	student	['stjuːdənt]
professor (m)	lecturer	['lekʧərə(r)]

| auditório (m) | lecture hall | ['lekʧə hɔːl] |
| graduado (m) | graduate | ['grædʒʊət] |

| diploma (m) | diploma | [dɪ'pləʊmə] |
| tese (f) | dissertation | [ˌdɪsə'teɪʃən] |

| estudo (obra) | study | ['stʌdɪ] |
| laboratório (m) | laboratory | ['læbrəˌtɔːrɪ] |

| palestra (f) | lecture | ['lekʧə(r)] |
| colega (m) de curso | coursemate | [kɔːsmeɪt] |

| bolsa (f) de estudos | scholarship | ['skɒləʃɪp] |
| grau (m) acadêmico | academic degree | [ˌækə'demɪk dɪ'griː] |

119. Ciências. Disciplinas

matemática (f)	mathematics	[ˌmæθəˈmætɪks]
álgebra (f)	algebra	[ˈældʒɪbrə]
geometria (f)	geometry	[dʒɪˈɒmətrɪ]
astronomia (f)	astronomy	[əˈstrɒnəmɪ]
biologia (f)	biology	[baɪˈɒlədʒɪ]
geografia (f)	geography	[dʒɪˈɒgrəfɪ]
geologia (f)	geology	[dʒɪˈɒlədʒɪ]
história (f)	history	[ˈhɪstərɪ]
medicina (f)	medicine	[ˈmedsɪn]
pedagogia (f)	pedagogy	[ˈpedəgɒdʒɪ]
direito (m)	law	[lɔː]
física (f)	physics	[ˈfɪzɪks]
química (f)	chemistry	[ˈkemɪstrɪ]
filosofia (f)	philosophy	[fɪˈlɒsəfɪ]
psicologia (f)	psychology	[saɪˈkɒlədʒɪ]

120. Sistema de escrita. Ortografia

gramática (f)	grammar	[ˈgræmə(r)]
vocabulário (m)	vocabulary	[vəˈkæbjʊlərɪ]
fonética (f)	phonetics	[fəˈnetɪks]
substantivo (m)	noun	[naʊn]
adjetivo (m)	adjective	[ˈædʒɪktɪv]
verbo (m)	verb	[vɜːb]
advérbio (m)	adverb	[ˈædvɜːb]
pronome (m)	pronoun	[ˈprəʊnaʊn]
interjeição (f)	interjection	[ˌɪntəˈdʒekʃən]
preposição (f)	preposition	[ˌprepəˈzɪʃən]
raiz (f)	root	[ruːt]
terminação (f)	ending	[ˈendɪŋ]
prefixo (m)	prefix	[ˈpriːfɪks]
sílaba (f)	syllable	[ˈsɪləbəl]
sufixo (m)	suffix	[ˈsʌfɪks]
acento (m)	stress mark	[ˈstres ˌmɑːk]
apóstrofo (f)	apostrophe	[əˈpɒstrəfɪ]
ponto (m)	period, dot	[ˈpɪərɪəd], [dɒt]
vírgula (f)	comma	[ˈkɒmə]
ponto e vírgula (m)	semicolon	[ˌsemɪˈkəʊlən]
dois pontos (m pl)	colon	[ˈkəʊlən]
reticências (f pl)	ellipsis	[ɪˈlɪpsɪs]
ponto (m) de interrogação	question mark	[ˈkwestʃən mɑːk]
ponto (m) de exclamação	exclamation point	[ˌekskləˈmeɪʃən pɔɪnt]

aspas (f pl)	quotation marks	[kwəʊ'teɪʃən mɑ:ks]
entre aspas	in quotation marks	[ɪn kwəʊ'teɪʃən mɑ:ks]
parênteses (m pl)	parenthesis	[pə'renθɪsɪs]
entre parênteses	in parenthesis	[ɪn pə'renθɪsɪs]

hífen (m)	hyphen	['haɪfən]
travessão (m)	dash	[dæʃ]
espaço (m)	space	[speɪs]

letra (f)	letter	['letə(r)]
letra (f) maiúscula	capital letter	['kæpɪtəl 'letə(r)]

vogal (f)	vowel	['vaʊəl]
consoante (f)	consonant	['kɒnsənənt]

frase (f)	sentence	['sentəns]
sujeito (m)	subject	['sʌbdʒɪkt]
predicado (m)	predicate	['predɪkət]

linha (f)	line	[laɪn]
em uma nova linha	on a new line	[ɒn ə nju: laɪn]
parágrafo (m)	paragraph	['pærəgrɑ:f]

palavra (f)	word	[wɜ:d]
grupo (m) de palavras	group of words	[gru:p əf wɜ:dz]
expressão (f)	expression	[ɪk'spreʃən]
sinônimo (m)	synonym	['sɪnənɪm]
antônimo (m)	antonym	['æntənɪm]

regra (f)	rule	[ru:l]
exceção (f)	exception	[ɪk'sepʃən]
correto (adj)	correct	[kə'rekt]

conjugação (f)	conjugation	[ˌkɒndʒʊ'geɪʃən]
caso (m)	nominal case	['nɒmɪnəl keɪs]
pergunta (f)	question	['kwestʃən]
sublinhar (vt)	to underline (vt)	[tə ˌʌndə'laɪn]
linha (f) pontilhada	dotted line	['dɒtɪd laɪn]

121. Línguas estrangeiras

língua (f)	language	['læŋgwɪdʒ]
estrangeiro (adj)	foreign	['fɒrən]
estudar (vt)	to study (vt)	[tə 'stʌdɪ]
aprender (vt)	to learn (vt)	[tə lɜ:n]

ler (vt)	to read (vi, vt)	[tə ri:d]
falar (vi)	to speak (vi, vt)	[tə spi:k]
entender (vt)	to understand (vt)	[tə,ʌndə'stænd]
escrever (vt)	to write (vt)	[tə raɪt]

rapidamente	quickly, fast	['kwɪklɪ], [fɑ:st]
devagar, lentamente	slowly	['sləʊlɪ]
fluentemente	fluently	['flu:əntlɪ]

regras (f pl)	rules	[ruːlz]
gramática (f)	grammar	[ˈgræmə(r)]
vocabulário (m)	vocabulary	[vəˈkæbjʊlərɪ]
fonética (f)	phonetics	[fəˈnetɪks]

livro (m) didático	textbook	[ˈtekstbʊk]
dicionário (m)	dictionary	[ˈdɪkʃənərɪ]
manual (m) autodidático	teach-yourself book	[tiːtʃ jɔːˈself bʊk]
guia (m) de conversação	phrasebook	[ˈfreɪzbʊk]

fita (f) cassete	cassette, tape	[kæˈset], [teɪp]
videoteipe (m)	videotape	[ˈvɪdɪəʊteɪp]
CD (m)	CD, compact disc	[ˌsiːˈdiː], [kəmˈpækt dɪsk]
DVD (m)	DVD	[ˌdiːviːˈdiː]

alfabeto (m)	alphabet	[ˈælfəbet]
soletrar (vt)	to spell (vt)	[tə spel]
pronúncia (f)	pronunciation	[prəˌnʌnsɪˈeɪʃən]

sotaque (m)	accent	[ˈæksent]
com sotaque	with an accent	[wɪð ən ˈæksent]
sem sotaque	without an accent	[wɪˈðaʊt ən ˈæksent]

| palavra (f) | word | [wɜːd] |
| sentido (m) | meaning | [ˈmiːnɪŋ] |

curso (m)	course	[kɔːs]
inscrever-se (vr)	to sign up (vi)	[tə saɪn ʌp]
professor (m)	teacher	[ˈtiːtʃə(r)]

tradução (texto)	translation	[trænsˈleɪʃən]
tradutor (m)	translator	[trænsˈleɪtə(r)]
intérprete (m)	interpreter	[ɪnˈtɜːprɪtə(r)]

| poliglota (m) | polyglot | [ˈpɒlɪglɒt] |
| memória (f) | memory | [ˈmemərɪ] |

122. Personagens de contos de fadas

Papai Noel (m)	Santa Claus	[ˈsæntə klɔːz]
Cinderela (f)	Cinderella	[ˌsɪndəˈrelə]
sereia (f)	mermaid	[ˈmɜːmeɪd]
Netuno (m)	Neptune	[ˈneptjuːn]

bruxo, feiticeiro (m)	magician	[məˈdʒɪʃən]
fada (f)	fairy	[ˈfeərɪ]
mágico (adj)	magic	[ˈmædʒɪk]
varinha (f) mágica	magic wand	[ˈmædʒɪk ˌwɒnd]

conto (m) de fadas	fairy tale	[ˈfeərɪ teɪl]
milagre (m)	miracle	[ˈmɪrəkəl]
anão (m)	dwarf	[dwɔːf]
transformar-se em ...	to turn into ... (vi)	[tə tɜːn ˈɪntʊ]
fantasma (m)	phantom	[ˈfæntəm]

fantasma (m)	ghost	[gəʊst]
monstro (m)	monster	['mɒnstə(r)]
dragão (m)	dragon	['drægən]
gigante (m)	giant	['dʒaɪənt]

123. Signos do Zodíaco

Áries (f)	Aries	['eəri:z]
Touro (m)	Taurus	['tɔ:rəs]
Gêmeos (m pl)	Gemini	['dʒemɪnaɪ]
Câncer (m)	Cancer	['kænsə(r)]
Leão (m)	Leo	['li:əʊ]
Virgem (f)	Virgo	['vɜ:gəʊ]

Libra (f)	Libra	['li:brə]
Escorpião (m)	Scorpio	['skɔ:pɪəʊ]
Sagitário (m)	Sagittarius	[ˌsædʒɪ'teərɪəs]
Capricórnio (m)	Capricorn	['kæprɪkɔ:n]
Aquário (m)	Aquarius	[ə'kweərɪəs]
Peixes (pl)	Pisces	['paɪsi:z]

caráter (m)	character	['kærəktə(r)]
traços (m pl) do caráter	character traits	['kærəktə treɪts]
comportamento (m)	behavior	[bɪ'heɪvjə(r)]
prever a sorte	to tell fortunes	[tə tel 'fɔ:tʃu:nz]
adivinha (f)	fortune-teller	['fɔ:tʃu:n 'telə(r)]
horóscopo (m)	horoscope	['hɒrəskəʊp]

Artes

124. Teatro

teatro (m)	theater	['θɪətə(r)]
ópera (f)	opera	['ɒpərə]
opereta (f)	operetta	[ˌɒpə'retə]
balé (m)	ballet	['bæleɪ]

cartaz (m)	theater poster	['θɪətə 'pəʊstə(r)]
companhia (f) de teatro	troupe, company	[truːp], ['kʌmpənɪ]
turnê (f)	tour	[tʊə(r)]
estar em turnê	to be on tour	[tə bi ɒn tʊə(r)]
ensaiar (vt)	to rehearse (vi, vt)	[tə rɪ'hɜːs]
ensaio (m)	rehearsal	[rɪ'hɜːsəl]
repertório (m)	repertoire	['repətwɑː(r)]

apresentação (f)	performance	[pə'fɔːməns]
espetáculo (m)	show, play	[ʃəʊ], [pleɪ]
peça (f)	play	[pleɪ]

entrada (m)	ticket	['tɪkɪt]
bilheteira (f)	box office	[bɒks 'ɒfɪs]
hall (m)	lobby	['lɒbɪ]
vestiário (m)	coat check	[kəʊt tʃek]
senha (f) numerada	coat check tag	[kəʊt tʃek tæg]
binóculo (m)	binoculars	[bɪ'nɒkjʊləz]
lanterninha (m)	usher	['ʌʃə(r)]

plateia (f)	orchestra seats	['ɔːkɪstrə siːts]
balcão (m)	balcony	['bælkənɪ]
primeiro balcão (m)	dress circle	[dres 'sɜːkəl]
camarote (m)	box	[bɒks]
fila (f)	row	[rəʊ]
assento (m)	seat	[siːt]

público (m)	audience	['ɔːdɪəns]
espectador (m)	spectator	[spek'teɪtə(r)]
aplaudir (vt)	to clap (vi, vt)	[tə klæp]
aplauso (m)	applause	[ə'plɔːz]
ovação (f)	ovation	[əʊ'veɪʃən]

palco (m)	stage	[steɪdʒ]
cortina (f)	curtain	['kɜːtən]
cenário (m)	scenery	['siːnərɪ]
bastidores (m pl)	backstage	[ˌbæk'steɪdʒ]

cena (f)	scene	[siːn]
ato (m)	act	[ækt]
intervalo (m)	intermission	[ˌɪntə'mɪʃən]

125. Cinema

ator (m)	actor	['æktə(r)]
atriz (f)	actress	['æktrıs]
cinema (m)	movies	['mu:vız]
filme (m)	movie	['mu:vı]
episódio (m)	episode	['epısəud]
filme (m) policial	detective	[dı'tektıv]
filme (m) de ação	action movie	['ækʃən 'mu:vı]
filme (m) de aventuras	adventure movie	[əd'ventʃə 'mu:vı]
filme (m) de ficção científica	sci-fi movie	['saıfaı 'mu:vı]
filme (m) de horror	horror movie	['hɒrə 'mu:vı]
comédia (f)	comedy movie	['kɒmədı 'mu:vı]
melodrama (m)	melodrama	['meləˌdrɑ:mə]
drama (m)	drama	['drɑ:mə]
filme (m) de ficção	fictional movie	['fıkʃənəl 'mu:vı]
documentário (m)	documentary	[ˌdɒkjʊ'mentərı]
desenho (m) animado	cartoon	[kɑ:'tu:n]
cinema (m) mudo	silent movies	['saılənt 'mu:vız]
papel (m)	role	[rəul]
papel (m) principal	leading role	['li:dıŋ rəul]
representar (vt)	to play (vi, vt)	[tə pleı]
estrela (f) de cinema	movie star	['mu:vı stɑ:(r)]
conhecido (adj)	well-known	[wel'nəun]
famoso (adj)	famous	['feıməs]
popular (adj)	popular	['pɒpjʊlə(r)]
roteiro (m)	script	[skrıpt]
roteirista (m)	scriptwriter	['skrıptˌraıtə(r)]
diretor (m) de cinema	movie director	['mu:vı dı'rektə(r)]
produtor (m)	producer	[prə'dju:sə(r)]
assistente (m)	assistant	[ə'sıstənt]
diretor (m) de fotografia	cameraman	['kæmərəmæn]
dublê (m)	stuntman	[stʌnt mæn]
filmar (vt)	to shoot a movie	[tə ʃu:t ə 'mu:vı]
audição (f)	audition	[ɔ:'dıʃən]
filmagem (f)	shooting	['ʃu:tıŋ]
equipe (f) de filmagem	movie crew	['mu:vı kru:]
set (m) de filmagem	movie set	['mu:vı set]
câmera (f)	camera	['kæmərə]
cinema (m)	movie theater	['mu:vı 'θıətə(r)]
tela (f)	screen	[skri:n]
exibir um filme	to show a movie	[tə ʃəu ə 'mu:vı]
trilha (f) sonora	soundtrack	['saundtræk]
efeitos (m pl) especiais	special effects	['speʃəl ı'fekts]
legendas (f pl)	subtitles	['sʌbˌtaıtəlz]

crédito (m)	**credits**	['kredɪts]
tradução (f)	**translation**	[træns'leɪʃən]

126. Pintura

arte (f)	**art**	[ɑːt]
belas-artes (f pl)	**fine arts**	['faɪn ˌɑːts]
galeria (f) de arte	**art gallery**	[ɑːt 'gælərɪ]
exibição (f) de arte	**art exhibition**	[ɑːt ˌeksɪ'bɪʃən]
pintura (f)	**painting**	['peɪntɪŋ]
arte (f) gráfica	**graphic art**	['græfɪk ɑːt]
arte (f) abstrata	**abstract art**	['æbstrækt ɑːt]
impressionismo (m)	**impressionism**	[ɪm'preʃənɪzəm]
pintura (f), quadro (m)	**picture**	['pɪktʃə(r)]
desenho (m)	**drawing**	['drɔːɪŋ]
cartaz, pôster (m)	**poster**	['pəʊstə(r)]
ilustração (f)	**illustration**	[ˌɪlə'streɪʃən]
miniatura (f)	**miniature**	['mɪnətʃə(r)]
cópia (f)	**copy**	['kɒpɪ]
reprodução (f)	**reproduction**	[ˌriːprə'dʌkʃən]
mosaico (m)	**mosaic**	[məʊ'zeɪɪk]
vitral (m)	**stained glass window**	[steɪnd glɑːs 'wɪndəʊ]
afresco (m)	**fresco**	['freskəʊ]
gravura (f)	**engraving**	[ɪn'greɪvɪŋ]
busto (m)	**bust**	[bʌst]
escultura (f)	**sculpture**	['skʌlptʃə(r)]
estátua (f)	**statue**	['stætʃuː]
gesso (m)	**plaster of Paris**	['plɑːstərəv 'pærɪs]
em gesso (adj)	**plaster**	['plɑːstə(r)]
retrato (m)	**portrait**	['pɔːtreɪt]
autorretrato (m)	**self-portrait**	[self 'pɔːtreɪt]
paisagem (f)	**landscape**	['lændskeɪp]
natureza (f) morta	**still life**	[stɪl laɪf]
caricatura (f)	**caricature**	['kærɪkəˌtjʊə(r)]
tinta (f)	**paint**	[peɪnt]
aquarela (f)	**watercolor paint**	['wɔːtəˌkʌlə peɪnt]
tinta (f) a óleo	**oil**	[ɔɪl]
lápis (m)	**pencil**	['pensəl]
tinta (f) nanquim	**India ink**	['ɪndɪə ɪŋk]
carvão (m)	**charcoal**	['tʃɑːkəʊl]
desenhar (vt)	**to draw** (vi, vt)	[tə drɔː]
pintar (vt)	**to paint** (vi, vt)	[tə peɪnt]
posar (vi)	**to pose** (vi)	[tə pəʊz]
modelo (m)	**artist's model**	['ɑːtɪsts 'mɒdəl]
modelo (f)	**artist's model**	['ɑːtɪsts 'mɒdəl]

pintor (m)	artist, painter	['ɑːtɪst], ['peɪntə(r)]
obra (f)	work of art	[wɜːk əv ɑːt]
obra-prima (f)	masterpiece	['mɑːstəpiːs]
estúdio (m)	studio	['stjuːdɪəʊ]

tela (f)	canvas	['kænvəs]
cavalete (m)	easel	['iːzəl]
paleta (f)	palette	['pælət]

moldura (f)	frame	[freɪm]
restauração (f)	restoration	[ˌrestə'reɪʃən]
restaurar (vt)	to restore (vt)	[tə rɪ'stɔː(r)]

127. Literatura & Poesia

literatura (f)	literature	['lɪtrətʃə]
autor (m)	author	['ɔːθə]
pseudônimo (m)	pseudonym	['sjuːdəʊnɪm]

livro (m)	book	[bʊk]
volume (m)	volume	['vɒljuːm]
índice (m)	table of contents	['teɪbəl əv 'kɒntents]
página (f)	page	[peɪdʒ]
protagonista (m)	main character	[meɪn 'kærəktə(r)]
autógrafo (m)	autograph	['ɔːtəgrɑːf]

conto (m)	short story	[ʃɔːt 'stɔːrɪ]
novela (f)	story	['stɔːrɪ]
romance (m)	novel	['nɒvəl]
obra (f)	work	[wɜːk]
fábula (m)	fable	['feɪbəl]
romance (m) policial	detective novel	[dɪ'tektɪv 'nɒvəl]

verso (m)	poem, verse	['pəʊɪm], [vɜːs]
poesia (f)	poetry	['pəʊɪtrɪ]
poema (m)	poem	['pəʊɪm]
poeta (m)	poet	['pəʊɪt]

ficção (f)	fiction	['fɪkʃən]
ficção (f) científica	science fiction	['saɪəns 'fɪkʃən]
aventuras (f pl)	adventures	[əd'ventʃəz]
literatura (f) didática	educational literature	[ˌedʒʊ'keɪʃənəl 'lɪtrətʃə]
literatura (f) infantil	children's literature	['tʃɪldrənz 'lɪtrətʃə]

128. Circo

circo (m)	circus	['sɜːkəs]
circo (m) ambulante	traveling circus	['trævəlɪŋ 'sɜːkəs]
programa (m)	program	['prəʊgræm]
apresentação (f)	performance	[pə'fɔːməns]
número (m)	act	[ækt]
picadeiro (f)	circus ring	['sɜːkəs rɪŋ]

pantomima (f)	pantomime	['pæntəmaɪm]
palhaço (m)	clown	[klaʊn]

acrobata (m)	acrobat	['ækrəbæt]
acrobacia (f)	acrobatics	[ˌækrə'bætɪks]
ginasta (m)	gymnast	['dʒɪmnæst]
ginástica (f)	acrobatic gymnastics	[ˌækrə'bætɪk dʒɪm'næstɪks]
salto (m) mortal	somersault	['sʌməsɔːlt]

homem (m) forte	strongman	['strɒŋmæn]
domador (m)	tamer	['teɪmə(r)]
cavaleiro (m) equilibrista	rider	['raɪdə(r)]
assistente (m)	assistant	[ə'sɪstənt]

truque (m)	stunt	[stʌnt]
truque (m) de mágica	magic trick	['mædʒɪk trɪk]
ilusionista (m)	magician	[mə'dʒɪʃən]

malabarista (m)	juggler	['dʒʌɡlə(r)]
fazer malabarismos	to juggle (vi, vt)	[tə 'dʒʌɡəl]
adestrador (m)	animal trainer	['ænɪməl 'treɪnə(r)]
adestramento (m)	animal training	['ænɪməl 'treɪnɪŋ]
adestrar (vt)	to train (vt)	[tə treɪn]

129. Música. Música popular

música (f)	music	['mjuːzɪk]
músico (m)	musician	[mjuː'zɪʃən]
instrumento (m) musical	musical instrument	['mjuːzɪkəl 'ɪnstrʊmənt]
tocar ...	to play ...	[tə pleɪ]

guitarra (f)	guitar	[ɡɪ'tɑː(r)]
violino (m)	violin	[ˌvaɪə'lɪn]
violoncelo (m)	cello	['tʃeləʊ]
contrabaixo (m)	double bass	['dʌbəl beɪs]
harpa (f)	harp	[hɑːp]

piano (m)	piano	[pɪ'ænəʊ]
piano (m) de cauda	grand piano	[ɡrænd pɪ'ænəʊ]
órgão (m)	organ	['ɔːɡən]

instrumentos (m pl) de sopro	wind instruments	[wɪnd 'ɪnstrʊmənts]
oboé (m)	oboe	['əʊbəʊ]
saxofone (m)	saxophone	['sæksəfəʊn]
clarinete (m)	clarinet	[ˌklærə'net]
flauta (f)	flute	[fluːt]
trompete (m)	trumpet	['trʌmpɪt]

acordeão (m)	accordion	[ə'kɔːdɪən]
tambor (m)	drum	[drʌm]

dueto (m)	duo	['djuːəʊ]
trio (m)	trio	['triːəʊ]
quarteto (m)	quartet	[kwɔː'tet]

coro (m)	**choir**	['kwaɪə(r)]
orquestra (f)	**orchestra**	['ɔ:kɪstrə]
música (f) pop	**pop music**	[pɒp 'mju:zɪk]
música (f) rock	**rock music**	[rɒk 'mju:zɪk]
grupo (m) de rock	**rock group**	[rɒk gru:p]
jazz (m)	**jazz**	[dʒæz]
ídolo (m)	**idol**	['aɪdəl]
fã, admirador (m)	**admirer, fan**	[əd'maɪərə], [fæn]
concerto (m)	**concert**	['kɒnsət]
sinfonia (f)	**symphony**	['sɪmfənɪ]
composição (f)	**composition**	[ˌkɒmpə'zɪʃən]
compor (vt)	**to compose** (vt)	[tə kəm'pəʊz]
canto (m)	**singing**	['sɪŋɪŋ]
canção (f)	**song**	[sɒŋ]
melodia (f)	**tune**	[tju:n]
ritmo (m)	**rhythm**	['rɪðəm]
blues (m)	**blues**	[blu:z]
notas (f pl)	**sheet music**	[ʃi:t 'mju:zɪk]
batuta (f)	**baton**	['bætən]
arco (m)	**bow**	[bəʊ]
corda (f)	**string**	[strɪŋ]
estojo (m)	**case**	[keɪs]

Descanso. Entretenimento. Viagens

130. Viagens

turismo (m)	tourism, travel	['tʊərɪzəm], ['trævəl]
turista (m)	tourist	['tʊərɪst]
viagem (f)	trip	[trɪp]
aventura (f)	adventure	[əd'ventʃə(r)]
percurso (curta viagem)	trip, journey	[trɪp], ['dʒɜːnɪ]
férias (f pl)	vacation	[və'keɪʃən]
estar de férias	to be on vacation	[tə bi ɒn və'keɪʃən]
descanso (m)	rest	[rest]
trem (m)	train	[treɪn]
de trem (chegar ~)	by train	[baɪ treɪn]
avião (m)	airplane	['eəpleɪn]
de avião	by airplane	[baɪ 'eəpleɪn]
de carro	by car	[baɪ kɑː(r)]
de navio	by ship	[baɪ ʃɪp]
bagagem (f)	luggage	['lʌgɪdʒ]
mala (f)	suitcase	['suːtkeɪs]
carrinho (m)	luggage cart	['lʌgɪdʒ kɑːt]
passaporte (m)	passport	['pɑːspɔːt]
visto (m)	visa	['viːzə]
passagem (f)	ticket	['tɪkɪt]
passagem (f) aérea	air ticket	['eə 'tɪkɪt]
guia (m) de viagem	guidebook	['gaɪdbʊk]
mapa (m)	map	[mæp]
área (f)	area	['eərɪə]
lugar (m)	place, site	[pleɪs], [saɪt]
exotismo (m)	exotica	[ɪg'zɒtɪkə]
exótico (adj)	exotic	[ɪg'zɒtɪk]
surpreendente (adj)	amazing	[ə'meɪzɪŋ]
grupo (m)	group	[gruːp]
excursão (f)	excursion	[ɪk'skɜːʃən]
guia (m)	guide	[gaɪd]

131. Hotel

hotel (m)	hotel	[həʊ'tel]
motel (m)	motel	[məʊ'tel]
três estrelas	three-star	[θri: stɑː(r)]

cinco estrelas	five-star	[ˌfaɪv 'stɑ:(r)]
ficar (vi, vt)	to stay (vi)	[tə steɪ]

quarto (m)	room	[ru:m]
quarto (m) individual	single room	['sɪŋgəl ru:m]
quarto (m) duplo	double room	['dʌbəl ru:m]
reservar um quarto	to book a room	[tə bʊk ə ru:m]

meia pensão (f)	half board	[hɑ:f bɔ:d]
pensão (f) completa	full board	[fʊl bɔ:d]

com banheira	with bath	[wɪð bɑ:θ]
com chuveiro	with shower	[wɪð 'ʃaʊə(r)]
televisão (m) por satélite	satellite television	['sætəlaɪt 'telɪˌvɪʒən]
ar (m) condicionado	air-conditioner	[eə kən'dɪʃənə]
toalha (f)	towel	['taʊəl]
chave (f)	key	[ki:]

administrador (m)	administrator	[əd'mɪnɪstreɪtə(r)]
camareira (f)	chambermaid	['ʧeɪmbəˌmeɪd]
bagageiro (m)	porter, bellboy	['pɔ:tə(r)], ['belbɔɪ]
porteiro (m)	doorman	['dɔ:mən]

restaurante (m)	restaurant	['restrɒnt]
bar (m)	pub, bar	[pʌb], [bɑ:(r)]
café (m) da manhã	breakfast	['brekfəst]
jantar (m)	dinner	['dɪnə(r)]
bufê (m)	buffet	[bə'feɪ]

elevador (m)	elevator	['elɪveɪtə(r)]
NÃO PERTURBE	DO NOT DISTURB	[du nɒt dɪ'stɜ:b]
PROIBIDO FUMAR!	NO SMOKING	[nəʊ 'sməʊkɪŋ]

132. Livros. Leitura

livro (m)	book	[bʊk]
autor (m)	author	['ɔ:θə]
escritor (m)	writer	['raɪtə(r)]
escrever (~ um livro)	to write (vt)	[tə raɪt]

leitor (m)	reader	['ri:də(r)]
ler (vt)	to read (vi, vt)	[tə ri:d]
leitura (f)	reading	['ri:dɪŋ]

para si	silently	['saɪləntlɪ]
em voz alta	aloud	[ə'laʊd]

publicar (vt)	to publish (vt)	[tə 'pʌblɪʃ]
publicação (f)	publishing	['pʌblɪʃɪŋ]
editor (m)	publisher	['pʌblɪʃə(r)]
editora (f)	publishing house	['pʌblɪʃɪŋ ˌhaʊs]

sair (vi)	to come out	[tə kʌm aʊt]
lançamento (m)	release	[rɪ'li:s]

tiragem (f)	print run	[prɪnt rʌn]
livraria (f)	bookstore	['bʊkstɔː(r)]
biblioteca (f)	library	['laɪbrərɪ]

novela (f)	story	['stɔːrɪ]
conto (m)	short story	[ʃɔːt 'stɔːrɪ]
romance (m)	novel	['nɒvəl]
romance (m) policial	detective novel	[dɪ'tektɪv 'nɒvəl]

memórias (f pl)	memoirs	['memwɑːz]
lenda (f)	legend	['ledʒənd]
mito (m)	myth	[mɪθ]

poesia (f)	poetry, poems	['pəʊɪtrɪ], ['pəʊɪmz]
autobiografia (f)	autobiography	[ˌɔːtəbaɪ'ɒgrəfɪ]
obras (f pl) escolhidas	selected works	[sɪ'lektɪd wɜːks]
ficção (f) científica	science fiction	['saɪəns 'fɪkʃən]

título (m)	title	['taɪtəl]
introdução (f)	introduction	[ˌɪntrə'dʌkʃən]
folha (f) de rosto	title page	['taɪtəl peɪdʒ]

capítulo (m)	chapter	['tʃæptə(r)]
excerto (m)	extract	['ekstrækt]
episódio (m)	episode	['epɪsəʊd]

enredo (m)	plot, storyline	[plɒt], ['stɔːrɪlaɪn]
conteúdo (m)	contents	['kɒntents]
protagonista (m)	main character	[meɪn 'kærəktə(r)]

volume (m)	volume	['vɒljuːm]
capa (f)	cover	['kʌvə(r)]
marcador (m) de página	bookmark	['bʊkmɑːk]

página (f)	page	[peɪdʒ]
folhear (vt)	to page through	[tə peɪdʒ θruː]
margem (f)	margins	['mɑːdʒɪnz]
anotação (f)	annotation	[ˌænə'teɪʃən]
nota (f) de rodapé	footnote	['fʊtnəʊt]

texto (m)	text	[tekst]
fonte (f)	type, font	[taɪp], [fɒnt]
falha (f) de impressão	misprint, typo	['mɪsprɪnt], ['taɪpəʊ]

tradução (f)	translation	[træns'leɪʃən]
traduzir (vt)	to translate (vt)	[tə træns'leɪt]
original (m)	original	[ɒ'rɪdʒɪnəl]

famoso (adj)	famous	['feɪməs]
desconhecido (adj)	unknown	[ˌʌn'nəʊn]
interessante (adj)	interesting	['ɪntrəstɪŋ]
best-seller (m)	bestseller	[best 'selə(r)]

dicionário (m)	dictionary	['dɪkʃənərɪ]
livro (m) didático	textbook	['tekstbʊk]
enciclopédia (f)	encyclopedia	[ɪnˌsaɪkləʊ'piːdjə]

133. Caça. Pesca

caça (f)	hunting	['hʌntɪŋ]
caçar (vi)	to hunt (vi, vt)	[tə hʌnt]
caçador (m)	hunter	['hʌntə(r)]
disparar, atirar (vi)	to shoot (vi)	[tə ʃuːt]
rifle (m)	rifle	['raɪfəl]
cartucho (m)	bullet, cartridge	['bʊlɪt], ['kɑːtrɪdʒ]
chumbo (m) de caça	shot	[ʃɒt]
armadilha (f)	steel trap	[stiːl træp]
armadilha (com corda)	snare	[sneə(r)]
cair na armadilha	to fall into the trap	[tə fɔːl 'ɪntʊ ðə træp]
pôr a armadilha	to lay a trap	[tə ˌleɪ ə 'træp]
caçador (m) furtivo	poacher	['pəʊtʃə(r)]
caça (animais)	game	[geɪm]
cão (m) de caça	hound dog	[haʊnd dɒg]
safári (m)	safari	[sə'fɑːrɪ]
animal (m) empalhado	mounted animal	['maʊntɪd 'ænɪməl]
pescador (m)	fisherman, angler	['fɪʃəmən], ['æŋglə(r)]
pesca (f)	fishing	['fɪʃɪŋ]
pescar (vt)	to fish (vi)	[tə fɪʃ]
vara (f) de pesca	fishing rod	['fɪʃɪŋ ˌrɒd]
linha (f) de pesca	fishing line	['fɪʃɪŋ ˌlaɪn]
anzol (m)	hook	[hʊk]
boia (f), flutuador (m)	float, bobber	[fləʊt], ['bɒbə(r)]
isca (f)	bait	[beɪt]
lançar a linha	to cast a line	[tə kɑːst ə laɪn]
morder (peixe)	to bite (vi)	[tə baɪt]
pesca (f)	catch of fish	[kætʃ əv fɪʃ]
buraco (m) no gelo	ice-hole	['aɪs ˌhəʊl]
rede (f)	net	[net]
barco (m)	boat	[bəʊt]
pescar com rede	to net (vi, vt)	[tə net]
lançar a rede	to cast the net	[tə kɑːst ðə net]
puxar a rede	to haul the net in	[tə hɔːl ðə net ɪn]
cair na rede	to fall into the net	[tə fɔːl 'ɪntʊ ðə net]
baleeiro (m)	whaler	['weɪlə(r)]
baleeira (f)	whaleboat	['weɪlbəʊt]
arpão (m)	harpoon	[hɑː'puːn]

134. Jogos. Bilhar

bilhar (m)	billiards	['bɪljədz]
sala (f) de bilhar	billiard room	['bɪljədz ruːm]
bola (f) de bilhar	ball	[bɔːl]

embolsar uma bola	to pocket a ball	[tə 'pɒkɪt ə bɔ:l]
taco (m)	cue	[kju:]
caçapa (f)	pocket	['pɒkɪt]

135. Jogos. Jogar cartas

ouros (m pl)	diamonds	['daɪəməndz]
espadas (f pl)	spades	[speɪdz]
copas (f pl)	hearts	[hɑːts]
paus (m pl)	clubs	[klʌbz]
ás (m)	ace	[eɪs]
rei (m)	king	[kɪŋ]
dama (f), rainha (f)	queen	[kwiːn]
valete (m)	jack, knave	[dʒæk], [neɪv]
carta (f) de jogar	playing card	['pleɪɪŋ kɑːd]
cartas (f pl)	cards	[kɑːdz]
trunfo (m)	trump	[trʌmp]
baralho (m)	deck of cards	[dek əv kɑːdz]
ponto (m)	point	[pɔɪnt]
dar, distribuir (vt)	to deal (vi, vt)	[tə diːl]
embaralhar (vt)	to shuffle (vt)	[tə 'ʃʌfəl]
vez, jogada (f)	lead, turn	[led], [tɜːn]
trapaceiro (m)	cardsharp	[kɑːd 'ʃɑːp]

136. Descanso. Jogos. Diversos

passear (vi)	to stroll (vi, vt)	[tə strəʊl]
passeio (m)	walk, stroll	[wɔːk], [strəʊl]
viagem (f) de carro	car ride	[kɑː raɪd]
aventura (f)	adventure	[əd'ventʃə(r)]
piquenique (m)	picnic	['pɪknɪk]
jogo (m)	game	[geɪm]
jogador (m)	player	['pleɪə(r)]
partida (f)	game	[geɪm]
colecionador (m)	collector	[kə'lektə(r)]
colecionar (vt)	to collect (vt)	[tə kə'lekt]
coleção (f)	collection	[kə'lekʃən]
palavras (f pl) cruzadas	crossword puzzle	['krɒswɜːd 'pʌzəl]
hipódromo (m)	racetrack	['reɪstræk]
discoteca (f)	disco	['dɪskəʊ]
sauna (f)	sauna	['sɔːnə]
loteria (f)	lottery	['lɒtərɪ]
campismo (m)	camping trip	['kæmpɪŋ trɪp]
acampamento (m)	camp	[kæmp]

barraca (f)	tent	[tent]
bússola (f)	compass	['kʌmpəs]
campista (m)	camper	['kæmpə(r)]

ver (vt), assistir à ...	to watch (vt)	[tə wɒtʃ]
telespectador (m)	viewer	['vjuːə(r)]
programa (m) de TV	TV show	[ˌtiːˈviː ʃəʊ]

137. Fotografia

| máquina (f) fotográfica | camera | ['kæmərə] |
| foto, fotografia (f) | photo, picture | ['fəʊtəʊ], ['pɪktʃə(r)] |

fotógrafo (m)	photographer	[fə'tɒgrəfə(r)]
estúdio (m) fotográfico	photo studio	['fəʊtəʊ 'stjuːdɪəʊ]
álbum (m) de fotografias	photo album	['fəʊtəʊ 'ælbəm]

lente (f) fotográfica	camera lens	['kæmərə lenz]
lente (f) teleobjetiva	telephoto lens	[ˌtelɪˈfəʊtəʊ lenz]
filtro (m)	filter	['fɪltə(r)]
lente (f)	lens	[lenz]

ótica (f)	optics	['ɒptɪks]
abertura (f)	diaphragm, aperture	['daɪəfræm], ['æpəˌtjʊə]
exposição (f)	exposure time	[ɪk'spəʊʒə ˌtaɪm]
visor (m)	viewfinder	['vjuːˌfaɪndə(r)]

câmera (f) digital	digital camera	['dɪdʒɪtəl 'kæmərə]
tripé (m)	tripod	['traɪpɒd]
flash (m)	flash	[flæʃ]

| fotografar (vt) | to photograph (vt) | [tə 'fəʊtəgrɑːf] |
| tirar fotos | to take pictures | [tə ˌteɪk 'pɪktʃəz] |

foco (m)	focus	['fəʊkəs]
focar (vt)	to focus	[tə 'fəʊkəs]
nítido (adj)	sharp	[ʃɑːp]
nitidez (f)	sharpness	['ʃɑːpnɪs]

| contraste (m) | contrast | ['kɒntrɑːst] |
| contrastante (adj) | contrast | ['kɒntrɑːst] |

retrato (m)	picture	['pɪktʃə(r)]
negativo (m)	negative	['negətɪv]
filme (m)	film	[fɪlm]
fotograma (m)	frame	[freɪm]
imprimir (vt)	to print (vt)	[tə prɪnt]

138. Praia. Natação

| praia (f) | beach | [biːtʃ] |
| areia (f) | sand | [sænd] |

deserto (adj)	deserted	[dɪ'zɜːtɪd]
bronzeado (m)	suntan	['sʌntæn]
bronzear-se (vr)	to get a tan	[tə get ə tæn]
bronzeado (adj)	tan	[tæn]
protetor (m) solar	sunscreen	['sʌnskriːn]

biquíni (m)	bikini	[bɪ'kiːnɪ]
maiô (m)	bathing suit	['beɪðɪŋ suːt]
calção (m) de banho	swim trunks	['swɪm trʌŋks]

piscina (f)	swimming pool	['swɪmɪŋ puːl]
nadar (vi)	to swim (vi)	[tə swɪm]
chuveiro (m), ducha (f)	shower	['ʃaʊə(r)]
mudar, trocar (vt)	to change (vi)	[tə tʃeɪndʒ]
toalha (f)	towel	['taʊəl]

| barco (m) | boat | [bəʊt] |
| lancha (f) | motorboat | ['məʊtəbəʊt] |

esqui (m) aquático	water ski	['wɔːtə skiː]
barco (m) de pedais	paddle boat	['pædəl bəʊt]
surf, surfe (m)	surfing	['sɜːfɪŋ]
surfista (m)	surfer	['sɜːfə(r)]

equipamento (m) de mergulho	scuba set	['skuːbə set]
pé (m pl) de pato	flippers	['flɪpəz]
máscara (f)	mask	[mɑːsk]
mergulhador (m)	diver	['daɪvə(r)]
mergulhar (vi)	to dive (vi)	[tə daɪv]
debaixo d'água	underwater	[ˌʌndə'wɔːtə(r)]

guarda-sol (m)	beach umbrella	[biːtʃ ʌm'brelə]
espreguiçadeira (f)	beach chair	[biːtʃ tʃeə]
óculos (m pl) de sol	sunglasses	['sʌnˌglɑːsɪz]
colchão (m) de ar	air mattress	[eə 'mætrɪs]

| brincar (vi) | to play (vi) | [tə pleɪ] |
| ir nadar | to go for a swim | [tə gəʊ fɔrə swɪm] |

bola (f) de praia	beach ball	[biːtʃ bɔːl]
encher (vt)	to inflate (vt)	[tə ɪn'fleɪt]
inflável (adj)	inflatable, air	[ɪn'fleɪtəbəl], [eə]

onda (f)	wave	[weɪv]
boia (f)	buoy	['buːɪ]
afogar-se (vr)	to drown (vi)	[tə draʊn]

salvar (vt)	to save, to rescue	[tə seɪv], [tə 'reskjuː]
colete (m) salva-vidas	life vest	['laɪf vest]
observar (vt)	to observe, to watch	[tə əb'zɜːv], [tə wɒtʃ]

EQUIPAMENTO TÉCNICO. TRANSPORTES

Equipamento técnico. Transportes

139. Computador

computador (m)	computer	[kəm'pju:tə(r)]
computador (m) portátil	notebook, laptop	['nəʊtbʊk], ['læptɒp]
ligar (vt)	to switch on (vt)	[tə swɪtʃ ɒn]
desligar (vt)	to turn off (vt)	[tə tɜ:n ɒf]
teclado (m)	keyboard	['ki:bɔ:d]
tecla (f)	key	[ki:]
mouse (m)	mouse	[maʊs]
tapete (m) para mouse	mouse pad	[maʊs pæd]
botão (m)	button	['bʌtən]
cursor (m)	cursor	['kɜ:sə(r)]
monitor (m)	monitor	['mɒnɪtə(r)]
tela (f)	screen	[skri:n]
disco (m) rígido	hard disk	[hɑ:d dɪsk]
capacidade (f) do disco rígido	hard disk capacity	[hɑ:d dɪsk kə'pæsɪtɪ]
memória (f)	memory	['memərɪ]
memória RAM (f)	random access memory	['rændəm 'ækses 'memərɪ]
arquivo (m)	file	[faɪl]
pasta (f)	folder	['fəʊldə(r)]
abrir (vt)	to open (vt)	[tə 'əʊpən]
fechar (vt)	to close (vt)	[tə kləʊz]
salvar (vt)	to save (vt)	[tə seɪv]
deletar (vt)	to delete (vt)	[tə dɪ'li:t]
copiar (vt)	to copy (vt)	[tə 'kɒpɪ]
ordenar (vt)	to sort (vt)	[tə sɔ:t]
programa (m)	program	['prəʊgræm]
software (m)	software	['sɒftweə(r)]
programador (m)	programmer	['prəʊgræmə(r)]
programar (vt)	to program (vt)	[tə 'prəʊgræm]
hacker (m)	hacker	['hækə(r)]
senha (f)	password	['pɑ:swɜ:d]
vírus (m)	virus	['vaɪrəs]
detectar (vt)	to find, to detect	[tə faɪnd], [tə dɪ'tekt]
byte (m)	byte	[baɪt]
megabyte (m)	megabyte	['megəbaɪt]

| dados (m pl) | data | ['deɪtə] |
| base (f) de dados | database | ['deɪtəbeɪs] |

cabo (m)	cable	['keɪbəl]
desconectar (vt)	to disconnect (vt)	[tə ˌdɪskə'nekt]
conectar (vt)	to connect (vt)	[tə kə'nekt]

140. Internet. E-mail

internet (f)	Internet	['ɪntənet]
browser (m)	browser	['brauzə(r)]
motor (m) de busca	search engine	[sɜːʧ 'enʤɪn]
provedor (m)	provider	[prə'vaɪdə(r)]

webmaster (m)	webmaster	[web peɪʤ]
website (m)	website	['websaɪt]
web page (f)	webpage	[web peɪʤ]

| endereço (m) | address | [ə'dres] |
| livro (m) de endereços | address book | [ə'dres buk] |

caixa (f) de correio	mailbox	['meɪlbɒks]
correio (m)	mail	[meɪl]
cheia (caixa de correio)	full	[ful]

mensagem (f)	message	['mesɪʤ]
mensagens (f pl) recebidas	incoming messages	['ɪnˌkʌmɪŋ 'mesɪʤɪz]
mensagens (f pl) enviadas	outgoing messages	['autˌgəuɪŋ 'mesɪʤɪz]
remetente (m)	sender	['sendə(r)]
enviar (vt)	to send (vt)	[tə send]
envio (m)	sending	['sendɪŋ]

| destinatário (m) | receiver | [rɪ'siːvə(r)] |
| receber (vt) | to receive (vt) | [tə rɪ'siːv] |

| correspondência (f) | correspondence | [ˌkɒrɪ'spɒndəns] |
| corresponder-se (vr) | to correspond (vi) | [tə ˌkɒrɪ'spɒnd] |

arquivo (m)	file	[faɪl]
fazer download, baixar (vt)	to download (vt)	[tə 'daunləud]
criar (vt)	to create (vt)	[tə kriː'eɪt]
deletar (vt)	to delete (vt)	[tə dɪ'liːt]
deletado (adj)	deleted	[dɪ'liːtɪd]

conexão (f)	connection	[kə'nekʃən]
velocidade (f)	speed	[spiːd]
modem (m)	modem	['məudem]
acesso (m)	access	['ækses]
porta (f)	port	[pɔːt]

conexão (f)	connection	[kə'nekʃən]
conectar (vi)	to connect to ...	[tə kə'nekt tə]
escolher (vt)	to select (vt)	[tə sɪ'lekt]
buscar (vt)	to search for ...	[tə sɜːʧ fɔː(r)]

Transportes

141. Avião

avião (m)	airplane	['eəpleın]
passagem (f) aérea	air ticket	['eə 'tıkıt]
companhia (f) aérea	airline	['eəlaın]
aeroporto (m)	airport	['eəpɔ:t]
supersônico (adj)	supersonic	[ˌsu:pə'sɒnık]
comandante (m) do avião	captain	['kæptın]
tripulação (f)	crew	[kru:]
piloto (m)	pilot	['paılət]
aeromoça (f)	flight attendant	[ˌflaıt ə'tendənt]
copiloto (m)	navigator	['nævıgeıtə(r)]
asas (f pl)	wings	[wıŋz]
cauda (f)	tail	[teıl]
cabine (f)	cockpit	['kɒkpıt]
motor (m)	engine	['endʒın]
trem (m) de pouso	landing gear	['lændıŋ gıə(r)]
turbina (f)	turbine	['tɜ:baın]
hélice (f)	propeller	[prə'pelə(r)]
caixa-preta (f)	black box	[blæk bɒks]
coluna (f) de controle	yoke, control column	[jəʊk], [kən'trəʊl 'kɒləm]
combustível (m)	fuel	[fjʊəl]
instruções (f pl) de segurança	safety card	['seıftı kɑ:d]
máscara (f) de oxigênio	oxygen mask	['ɒksıdʒən mɑ:sk]
uniforme (m)	uniform	['junıfɔ:m]
colete (m) salva-vidas	life vest	['laıf vest]
paraquedas (m)	parachute	['pærəʃu:t]
decolagem (f)	takeoff	[teıkɒf]
descolar (vi)	to take off (vi)	[tə teık ɒf]
pista (f) de decolagem	runway	['rʌnˌweı]
visibilidade (f)	visibility	[ˌvızı'bılıtı]
voo (m)	flight	[flaıt]
altura (f)	altitude	['æltıtju:d]
poço (m) de ar	air pocket	[eə 'pɒkıt]
assento (m)	seat	[si:t]
fone (m) de ouvido	headphones	['hedfəʊnz]
mesa (f) retrátil	folding tray	['fəʊldıŋ treı]
janela (f)	window	['wındəʊ]
corredor (m)	aisle	[aıl]

142. Comboio

trem (m)	train	[treɪn]
trem (m) elétrico	commuter train	[kə'mju:tə(r) treɪn]
trem (m)	express train	[ɪk'spres treɪn]
locomotiva (f) diesel	diesel locomotive	['di:zəl ˌleʊkə'məʊtɪv]
locomotiva (f) a vapor	steam locomotive	[sti:m ˌleʊkə'məʊtɪv]
vagão (f) de passageiros	passenger car	['pæsɪndʒə ka:(r)]
vagão-restaurante (m)	dining car	['daɪnɪŋ ka:]
carris (m pl)	rails	[reɪlz]
estrada (f) de ferro	railroad	['reɪlrəʊd]
travessa (f)	railway tie	['reɪlweɪ taɪ]
plataforma (f)	platform	['plætfɔ:m]
linha (f)	track	[træk]
semáforo (m)	semaphore	['seməfɔ:(r)]
estação (f)	station	['steɪʃən]
maquinista (m)	engineer	[ˌendʒɪ'nɪə(r)]
bagageiro (m)	porter	['pɔ:tə(r)]
hospedeiro, -a (m, f)	car attendant	[ka:(r) ə'tendənt]
passageiro (m)	passenger	['pæsɪndʒə(r)]
revisor (m)	conductor	[kən'dʌktə(r)]
corredor (m)	corridor	['kɒrɪˌdɔ:(r)]
freio (m) de emergência	emergency brake	[ɪ'mɜ:dʒənsɪ breɪk]
compartimento (m)	compartment	[kəm'pa:tmənt]
cama (f)	berth	[bɜ:θ]
cama (f) de cima	upper berth	['ʌpə bɜ:θ]
cama (f) de baixo	lower berth	['ləʊə 'bɜ:θ]
roupa (f) de cama	bed linen, bedding	[bed 'lɪnɪn], ['bedɪŋ]
passagem (f)	ticket	['tɪkɪt]
horário (m)	schedule	['skedʒʊl]
painel (m) de informação	information display	[ˌɪnfə'meɪʃən dɪ'spleɪ]
partir (vt)	to leave, to depart	[tə li:v], [tə dɪ'pa:t]
partida (f)	departure	[dɪ'pa:tʃə(r)]
chegar (vi)	to arrive (vi)	[tə ə'raɪv]
chegada (f)	arrival	[ə'raɪvəl]
chegar de trem	to arrive by train	[tə ə'raɪv baɪ treɪn]
pegar o trem	to get on the train	[tə ˌget ɒn ðə 'treɪn]
descer de trem	to get off the train	[tə ˌget ev ðə 'treɪn]
acidente (m) ferroviário	train wreck	[treɪn rek]
descarrilar (vi)	to derail (vi)	[tə dɪ'reɪl]
locomotiva (f) a vapor	steam locomotive	[sti:m ˌleʊkə'məʊtɪv]
foguista (m)	stoker, fireman	['stəʊkə], ['faɪəmən]
fornalha (f)	firebox	['faɪəbɒks]
carvão (m)	coal	[kəʊl]

143. Barco

navio (m)	ship	[ʃɪp]
embarcação (f)	vessel	['vesəl]
barco (m) a vapor	steamship	['stiːmʃɪp]
barco (m) fluvial	riverboat	['rɪvə‚bəʊt]
transatlântico (m)	cruise ship	[kruːz ʃɪp]
cruzeiro (m)	cruiser	['kruːzə(r)]
iate (m)	yacht	[jɒt]
rebocador (m)	tugboat	['tʌgbəʊt]
barcaça (f)	barge	[bɑːdʒ]
ferry (m)	ferry	['ferɪ]
veleiro (m)	sailing ship	['seɪlɪŋ ʃɪp]
bergantim (m)	brigantine	['brɪgəntiːn]
quebra-gelo (m)	ice breaker	['aɪs‚breɪkə(r)]
submarino (m)	submarine	[‚sʌbmə'riːn]
bote, barco (m)	boat	[bəʊt]
baleeira (bote salva-vidas)	dinghy	['dɪŋgɪ]
bote (m) salva-vidas	lifeboat	['laɪfbəʊt]
lancha (f)	motorboat	['məʊtəbəʊt]
capitão (m)	captain	['kæptɪn]
marinheiro (m)	seaman	['siːmən]
marujo (m)	sailor	['seɪlə(r)]
tripulação (f)	crew	[kruː]
contramestre (m)	boatswain	['bəʊsən]
grumete (m)	ship's boy	[ʃɪps bɔɪ]
cozinheiro (m) de bordo	cook	[kʊk]
médico (m) de bordo	ship's doctor	[ʃɪps 'dɒktə(r)]
convés (m)	deck	[dek]
mastro (m)	mast	[mɑːst]
vela (f)	sail	[seɪl]
porão (m)	hold	[həʊld]
proa (f)	bow	[baʊ]
popa (f)	stern	[stɜːn]
remo (m)	oar	[ɔː(r)]
hélice (f)	propeller	[prə'pelə(r)]
cabine (m)	cabin	['kæbɪn]
sala (f) dos oficiais	wardroom	['wɔːdrʊm]
sala (f) das máquinas	engine room	['endʒɪn ‚ruːm]
ponte (m) de comando	bridge	[brɪdʒ]
sala (f) de comunicações	radio room	['reɪdɪəʊ rʊm]
onda (f)	wave	[weɪv]
diário (m) de bordo	logbook	['lɒgbʊk]
luneta (f)	spyglass	['spaɪglɑːs]
sino (m)	bell	[bel]

bandeira (f)	flag	[flæg]
cabo (m)	hawser	['hɔːzə(r)]
nó (m)	knot	[nɒt]

corrimão (m)	deckrails	['dekreɪlz]
prancha (f) de embarque	gangway	['gæŋweɪ]

âncora (f)	anchor	['æŋkə(r)]
recolher a âncora	to weigh anchor	[tə weɪ 'æŋkə(r)]
jogar a âncora	to drop anchor	[tə drɒp 'æŋkə(r)]
amarra (corrente de âncora)	anchor chain	['æŋkə ˌtʃeɪn]

porto (m)	port	[pɔːt]
cais, amarradouro (m)	quay, wharf	[kiː], [wɔːf]
atracar (vi)	to berth, to moor	[tə bɜːθ], [tə mɔː(r)]
desatracar (vi)	to cast off	[tə kɑːst ɒf]

viagem (f)	trip	[trɪp]
cruzeiro (m)	cruise	[kruːz]
rumo (m)	course	[kɔːs]
itinerário (m)	route	[raʊt]

canal (m) de navegação	fairway	['feəweɪ]
banco (m) de areia	shallows	['ʃæləʊz]
encalhar (vt)	to run aground	[tə rʌn ə'graʊnd]

tempestade (f)	storm	[stɔːm]
sinal (m)	signal	['sɪgnəl]
afundar-se (vr)	to sink (vi)	[tə sɪŋk]
Homem ao mar!	Man overboard!	[ˌmæn 'əʊvəbɔːd]
SOS	SOS	[ˌesəʊ'es]
boia (f) salva-vidas	ring buoy	[rɪŋ bɔɪ]

144. Aeroporto

aeroporto (m)	airport	['eəpɔːt]
avião (m)	airplane	['eəpleɪn]
companhia (f) aérea	airline	['eəlaɪn]
controlador (m) de tráfego aéreo	air traffic controller	['eə 'træfɪk kən'trəʊlə]

partida (f)	departure	[dɪ'pɑːtʃə(r)]
chegada (f)	arrival	[ə'raɪvəl]
chegar (vi)	to arrive (vi)	[tə ə'raɪv]

hora (f) de partida	departure time	[dɪ'pɑːtʃə ˌtaɪm]
hora (f) de chegada	arrival time	[ə'raɪvəl taɪm]

estar atrasado	to be delayed	[tə bi dɪ'leɪd]
atraso (m) de voo	flight delay	[flaɪt dɪ'leɪ]

painel (m) de informação	information board	[ˌɪnfə'meɪʃən bɔːd]
informação (f)	information	[ˌɪnfə'meɪʃən]
anunciar (vt)	to announce (vt)	[tə ə'naʊns]

voo (m)	flight	[flaɪt]
alfândega (f)	customs	['kʌstəmz]
funcionário (m) da alfândega	customs officer	['kʌstəmz 'ɒfɪsə(r)]

declaração (f) alfandegária	customs declaration	['kʌstəmz ˌdeklə'reɪʃən]
preencher (vt)	to fill out (vt)	[tə fɪl 'aʊt]
preencher a declaração	to fill out the declaration	[tə fɪl 'aʊt ðə ˌdeklə'reɪʃən]
controle (m) de passaporte	passport control	['pɑːspɔːt kən'trəʊl]

bagagem (f)	luggage	['lʌgɪdʒ]
bagagem (f) de mão	hand luggage	['hænd,lʌgɪdʒ]
carrinho (m)	luggage cart	['lʌgɪdʒ kɑːt]

pouso (m)	landing	['lændɪŋ]
pista (f) de pouso	landing strip	['lændɪŋ strɪp]
aterrissar (vi)	to land (vi)	[tə lænd]
escada (f) de avião	airstairs	[eə'steəz]

check-in (m)	check-in	['tʃek ɪn]
balcão (m) do check-in	check-in counter	[tʃek-'ɪn 'kaʊntə(r)]
fazer o check-in	to check-in (vi)	[tə tʃek ɪn]
cartão (m) de embarque	boarding pass	['bɔːdɪŋ pɑːs]
portão (m) de embarque	departure gate	[dɪ'pɑːtʃə ˌgeɪt]

trânsito (m)	transit	['trænsɪt]
esperar (vi, vt)	to wait (vt)	[tə weɪt]
sala (f) de espera	departure lounge	[dɪ'pɑːtʃə laʊndʒ]

145. Bicicleta. Motocicleta

bicicleta (f)	bicycle	['baɪsɪkəl]
lambreta (f)	scooter	['skuːtə(r)]
moto (f)	motorcycle, bike	['məʊtəˌsaɪkəl], [baɪk]

ir de bicicleta	to go by bicycle	[tə gəʊ baɪ 'baɪsɪkəl]
guidão (m)	handlebars	['hændəlbɑːz]
pedal (m)	pedal	['pedəl]
freios (m pl)	brakes	[breɪks]
banco, selim (m)	bicycle seat, saddle	['baɪsɪkəl siːt], ['sædəl]

bomba (f)	pump	[pʌmp]
bagageiro (m) de teto	luggage rack	['lʌgɪdʒ ræk]
lanterna (f)	front lamp	[frʌnt læmp]
capacete (m)	helmet	['helmɪt]

roda (f)	wheel	[wiːl]
para-choque (m)	fender	['fendə(r)]
aro (m)	rim	[rɪm]
raio (m)	spoke	[spəʊk]

Carros

146. Tipos de carros

carro, automóvel (m)	automobile, car	['ɔ:təməbl:l], [ka:(r)]
carro (m) esportivo	sports car	['spɔ:ts ka:(r)]
limusine (f)	limousine	['lɪməzi:n]
todo o terreno (m)	off-road vehicle	[ɒf'rəʊd 'vi:ɪkəl]
conversível (m)	convertible	[kən'vɜ:təbəl]
minibus (m)	minibus	['mɪnɪbʌs]
ambulância (f)	ambulance	['æmbjʊləns]
limpa-neve (m)	snowplow	['snəʊplaʊ]
caminhão (m)	truck	[trʌk]
caminhão-tanque (m)	tanker truck	['tæŋkə trʌk]
perua, van (f)	van	[væn]
caminhão-trator (m)	trailer truck	['treɪlə trʌk]
reboque (m)	trailer	['treɪlə(r)]
confortável (adj)	comfortable	['kʌmfətəbəl]
usado (adj)	used	[ju:zd]

147. Carros. Carroçaria

capô (m)	hood	[hʊd]
para-choque (m)	fender	['fendə(r)]
teto (m)	roof	[ru:f]
para-brisa (m)	windshield	['wɪndʃi:ld]
retrovisor (m)	rear-view mirror	['rɪəvju: 'mɪrə(r)]
esguicho (m)	windshield washer	['wɪndʃi:ld 'wɒʃə(r)]
limpadores (m) de para-brisas	windshield wipers	['wɪndʃi:ld 'waɪpəz]
vidro (m) lateral	side window	[ˌsaɪd 'wɪndəʊ]
elevador (m) do vidro	window lift	['wɪndəʊ lɪft]
antena (f)	antenna	[æn'tenə]
teto (m) solar	sunroof	['sʌnru:f]
para-choque (m)	bumper	['bʌmpə(r)]
porta-malas (f)	trunk	[trʌŋk]
bagageira (f)	roof luggage rack	[ru:f 'lʌgɪdʒ ræk]
porta (f)	door	[dɔ:(r)]
maçaneta (f)	door handle	['dɔ: ˌhændəl]
fechadura (f)	door lock	[dɔ: lɒk]
placa (f)	license plate	['laɪsəns pleɪt]
silenciador (m)	muffler	['mʌflə(r)]

| tanque (m) de gasolina | gas tank | [gæs tæŋk] |
| tubo (m) de exaustão | tailpipe | [teɪl paɪp] |

acelerador (m)	gas, accelerator	[gæs], [ək'seləreɪtə(r)]
pedal (m)	pedal	['pedəl]
pedal (m) do acelerador	gas pedal	[gæs 'pedəl]

freio (m)	brake	[breɪk]
pedal (m) do freio	brake pedal	[ˌbreɪk 'pedəl]
frear (vt)	to brake (vi)	[tə breɪk]
freio (m) de mão	parking brake	['pɑːkɪŋ breɪk]

embreagem (f)	clutch	[klʌʧ]
pedal (m) da embreagem	clutch pedal	[klʌʧ 'pedəl]
disco (m) de embreagem	clutch disc	[klʌʧ dɪsk]
amortecedor (m)	shock absorber	[ʃɒk əb'sɔːbə]

roda (f)	wheel	[wiːl]
pneu (m) estepe	spare tire	[speə 'taɪə(r)]
pneu (m)	tire	['taɪə(r)]
calota (f)	hubcap	['hʌbkæp]

rodas (f pl) motrizes	driving wheels	['draɪvɪŋ ˌwiːlz]
de tração dianteira	front-wheel drive	['frʌnt wiːl ˌdraɪv]
de tração traseira	rear-wheel drive	[ˌrɪə 'wiːl 'draɪv]
de tração às 4 rodas	all-wheel drive	[ˌɔːl wiːl 'draɪv]

caixa (f) de mudanças	gearbox	['gɪəbɒks]
automático (adj)	automatic	[ˌɔːtə'mætɪk]
mecânico (adj)	mechanical	[mɪ'kænɪkəl]
alavanca (f) de câmbio	gear shift	[gɪə ʃɪft]

| farol (m) | headlight | ['hedlaɪt] |
| faróis (m pl) | headlights | ['hedlaɪts] |

farol (m) baixo	low beam	[ləʊ biːm]
farol (m) alto	high beam	[haɪ biːm]
luzes (f pl) de parada	brake light	['breɪklaɪt]

luzes (f pl) de posição	parking lights	['pɑːkɪŋ laɪts]
luzes (f pl) de emergência	hazard lights	['hæzəd laɪts]
faróis (m pl) de neblina	fog lights	[fɒg laɪts]
pisca-pisca (m)	turn signal	[tɜːn 'sɪgnəl]
luz (f) de marcha ré	back-up light	['bækʌp laɪt]

148. Carros. Habitáculo

interior (do carro)	car inside	[kɑːrɪn'saɪd]
de couro	leather	['leðə(r)]
de veludo	velour	[və'lʊə(r)]
estofamento (m)	upholstery	[ˌʌp'həʊlstərɪ]

| indicador (m) | instrument | ['ɪnstrʊmənt] |
| painel (m) | dashboard | ['dæʃbɔːd] |

| velocímetro (m) | speedometer | [spɪ'dɒmɪtə(r)] |
| ponteiro (m) | needle | ['ni:dəl] |

hodômetro, odômetro (m)	odometer	[əʊ'dɒmɪtə(r)]
indicador (m)	indicator, sensor	['ɪndɪkeɪtə], ['sensə]
nível (m)	level	['levəl]
luz (f) de aviso	warning light	['wɔːnɪŋ laɪt]

volante (m)	steering wheel	['stɪərɪŋ wi:l]
buzina (f)	horn	[hɔːn]
botão (m)	button	['bʌtən]
interruptor (m)	switch	[swɪtʃ]

assento (m)	seat	[si:t]
costas (f pl) do assento	backrest	['bækrest]
cabeceira (f)	headrest	['hedrest]
cinto (m) de segurança	seat belt	[si:t belt]
apertar o cinto	to fasten the belt	[tə 'fɑːsən ðə belt]
ajuste (m)	adjustment	[ə'dʒʌstmənt]

| airbag (m) | airbag | ['eəbæg] |
| ar (m) condicionado | air-conditioner | [eə kən'dɪʃənə] |

rádio (m)	radio	['reɪdɪəʊ]
leitor (m) de CD	CD Player	[ˌsi:'di: 'pleɪə(r)]
ligar (vt)	to turn on (vt)	[tə tɜːn ɒn]
antena (f)	antenna	[æn'tenə]
porta-luvas (m)	glove box	['glʌvˌbɒks]
cinzeiro (m)	ashtray	['æʃtreɪ]

149. Carros. Motor

motor (m)	engine	['endʒɪn]
motor (m)	motor	['məʊtə(r)]
a diesel	diesel	['di:zəl]
a gasolina	gasoline	['gæsəli:n]

cilindrada (f)	engine volume	['endʒɪn 'vɒljuːm]
potência (f)	power	['paʊə(r)]
cavalo (m) de potência	horsepower	['hɔːsˌpaʊə(r)]
pistão (m)	piston	['pɪstən]
cilindro (m)	cylinder	['sɪlɪndə(r)]
válvula (f)	valve	[vælv]

injetor (m)	injector	[ɪn'dʒektə(r)]
gerador (m)	generator	['dʒenəreɪtə(r)]
carburador (m)	carburetor	[ˌkɑːbə'retə(r)]
óleo (m) de motor	motor oil	['məʊtə(r) ˌɔɪl]

radiador (m)	radiator	['reɪdɪeɪtə(r)]
líquido (m) de arrefecimento	coolant	['ku:lənt]
ventilador (m)	cooling fan	['ku:lɪŋ fæn]
bateria (f)	battery	['bætərɪ]
dispositivo (m) de arranque	starter	['stɑːtə(r)]

ignição (f)	ignition	[ɪgˈnɪʃən]
vela (f) de ignição	spark plug	[ˈspɑːk plʌg]
terminal (m)	terminal	[ˈtɜːmɪnəl]
terminal (m) positivo	positive terminal	[ˈpɒzɪtɪv ˈtɜːmɪnəl]
terminal (m) negativo	negative terminal	[ˈnegətɪv ˈtɜːmɪnəl]
fusível (m)	fuze, fuse	[fjuːz]
filtro (m) de ar	air filter	[eə ˈfɪltə(r)]
filtro (m) de óleo	oil filter	[ɔɪl ˈfɪltə(r)]
filtro (m) de combustível	fuel filter	[fjuəl ˈfɪltə(r)]

150. Carros. Batidas. Reparação

acidente (m) de carro	car crash	[kɑːr kræʃ]
acidente (m) rodoviário	traffic accident	[ˈtræfɪk ˈæksɪdənt]
bater (~ num muro)	to crash (vi)	[tə kræʃ]
sofrer um acidente	to get smashed up	[tə get smæʃt ʌp]
dano (m)	damage	[ˈdæmɪdʒ]
intato	intact	[ɪnˈtækt]
pane (f)	breakdown	[ˈbreɪkdaʊn]
avariar (vi)	to break down (vi)	[tə ˈbreɪkdaʊn]
cabo (m) de reboque	towrope	[ˈtəʊrəʊp]
furo (m)	puncture	[ˈpʌŋktʃə]
estar furado	to be flat	[tə bi flæt]
encher (vt)	to pump up	[tə pʌmp ʌp]
pressão (f)	pressure	[ˈpreʃə(r)]
verificar (vt)	to check (vt)	[tə tʃek]
reparo (m)	repair	[rɪˈpeə(r)]
oficina (f) automotiva	auto repair shop	[ˈɔːtəʊ rɪˈpeə ʃɒp]
peça (f) de reposição	spare part	[speə pɑːt]
peça (f)	part	[pɑːt]
parafuso (com porca)	bolt	[bəʊlt]
parafuso (m)	screw	[skruː]
porca (f)	nut	[nʌt]
arruela (f)	washer	[ˈwɒʃə(r)]
rolamento (m)	bearing	[ˈbeərɪŋ]
tubo (m)	tube	[tjuːb]
junta, gaxeta (f)	gasket	[ˈgæskɪt]
fio, cabo (m)	cable, wire	[ˈkeɪbəl], [ˈwaɪə]
macaco (m)	jack	[dʒæk]
chave (f) de boca	wrench	[rentʃ]
martelo (m)	hammer	[ˈhæmə(r)]
bomba (f)	pump	[pʌmp]
chave (f) de fenda	screwdriver	[ˈskruːˌdraɪvə(r)]
extintor (m)	fire extinguisher	[ˈfaɪər ɪkˈstɪŋgwɪʃə(r)]
triângulo (m) de emergência	warning triangle	[ˈwɔːnɪŋ ˈtraɪæŋgəl]

morrer (motor)	to stall (vi)	[tə stɔːl]
paragem, "morte" (f)	stall	['stɔːl]
estar quebrado	to be broken	[tə bi 'brəʊkən]

superaquecer-se (vr)	to overheat (vi)	[tə ˌəʊvə'hiːt]
entupir-se (vr)	to be clogged up	[tə biː ˌklɒgd 'ʌp]
congelar-se (vr)	to freeze up	[tə ˌfriːz 'ʌp]
rebentar (vi)	to burst (vi)	[tə bɜːst]

pressão (f)	pressure	['preʃə(r)]
nível (m)	level	['levəl]
frouxo (adj)	slack	[slæk]

batida (f)	dent	[dent]
ruído (m)	knocking noise	['nɒkɪŋ nɔɪz]
fissura (f)	crack	[kræk]
arranhão (m)	scratch	[skrætʃ]

151. Carros. Estrada

estrada (f)	road	[rəʊd]
autoestrada (f)	highway	['haɪweɪ]
rodovia (f)	freeway	['friːweɪ]
direção (f)	direction	[dɪ'rekʃən]
distância (f)	distance	['dɪstəns]

ponte (f)	bridge	[brɪdʒ]
parque (m) de estacionamento	parking lot	['pɑːkɪŋ lɒt]
praça (f)	square	[skweə(r)]
nó (m) rodoviário	interchange	['ɪntətʃeɪndʒ]
túnel (m)	tunnel	['tʌnəl]

posto (m) de gasolina	gas station	[gæs 'steɪʃən]
parque (m) de estacionamento	parking lot	['pɑːkɪŋ lɒt]
bomba (f) de gasolina	gas pump	[gæs pʌmp]
oficina (f) automotiva	auto repair shop	['ɔːtəʊ rɪ'peə ʃɒp]
abastecer (vt)	to get gas	[tə get gæs]
combustível (m)	fuel	[fjʊəl]
galão (m) de gasolina	jerrycan	['dʒerɪkæn]

asfalto (m)	asphalt	['æsfælt]
marcação (f) de estradas	road markings	[rəʊd 'mɑːkɪŋz]
meio-fio (m)	curb	[kɜːb]
guard-rail (m)	guardrail	['gɑːdreɪl]
valeta (f)	ditch	[dɪtʃ]
acostamento (m)	roadside	['rəʊdsaɪd]
poste (m) de luz	lamppost	['læmppəʊst]

dirigir (vt)	to drive (vi, vt)	[tə draɪv]
virar (~ para a direita)	to turn (vi)	[tə tɜːn]
dar retorno	to make a U-turn	[tə meɪk ə juː-tɜːn]
ré (f)	reverse	[rɪ'vɜːs]
buzinar (vi)	to honk (vi)	[tə hɒŋk]
buzina (f)	honk	[hɒŋk]

atolar-se (vr)	to get stuck	[tə get stʌk]
patinar (na lama)	to spin the wheels	[tə spɪn ðə wiːlz]
desligar (vt)	to stop, to turn off	[tə stɒp], [tə tɜːn ɒf]

velocidade (f)	speed	[spiːd]
exceder a velocidade	to exceed the speed limit	[tə ɪk'siːd ðə spiːd 'lɪmɪt]
multar (vt)	to give sb a ticket	[tə gɪv ... ə 'tɪkɪt]
semáforo (m)	traffic lights	['træfɪk laɪts]
carteira (f) de motorista	driver's license	['draɪvəz ˌlaɪsəns]

passagem (f) de nível	grade crossing	[greɪd 'krɒsɪŋ]
cruzamento (m)	intersection	[ˌɪntə'sekʃən]
faixa (f)	crosswalk	['krɒswɔːk]
curva (f)	turn	[tɜːn]
zona (f) de pedestres	pedestrian zone	[pɪ'destrɪən ˌzəʊn]

PESSOAS. EVENTOS

Eventos

152. Férias. Evento

festa (f)	celebration, holiday	[ˌselɪ'breɪʃən], ['hɒlɪdeɪ]
feriado (m) nacional	national day	['næʃənəl deɪ]
feriado (m)	public holiday	['pʌblɪk 'hɒlɪdeɪ]
festejar (vt)	to commemorate (vt)	[tə kə'meməˌreɪt]
evento (festa, etc.)	event	[ɪ'vent]
evento (banquete, etc.)	event	[ɪ'vent]
banquete (m)	banquet	['bæŋkwɪt]
recepção (f)	reception	[rɪ'sepʃən]
festim (m) ι	feast	[fi:st]
aniversário (m)	anniversary	[ænɪ'vɜːsərɪ]
jubileu (m)	jubilee	['dʒuːbɪliː]
celebrar (vt)	to celebrate (vt)	[tə 'selɪbreɪt]
Ano (m) Novo	New Year	[nju: jɪə(r)]
Feliz Ano Novo!	Happy New Year!	['hæpɪ nju: jɪə(r)]
Papai Noel (m)	Santa Claus	['sæntə klɔːz]
Natal (m)	Christmas	['krɪsməs]
Feliz Natal!	Merry Christmas!	[ˌmerɪ 'krɪsməs]
árvore (f) de Natal	Christmas tree	['krɪsməs triː]
fogos (m pl) de artifício	fireworks	['faɪəwɜːks]
casamento (m)	wedding	['wedɪŋ]
noivo (m)	groom	[gruːm]
noiva (f)	bride	[braɪd]
convidar (vt)	to invite (vt)	[tə ɪn'vaɪt]
convite (m)	invitation card	[ˌɪnvɪ'teɪʃən kɑːd]
convidado (m)	guest	[gest]
visitar (vt)	to visit with …	[tə 'vɪzɪt wɪð]
receber os convidados	to meet the guests	[tə miːt ðə gests]
presente (m)	gift, present	[gɪft], ['prezənt]
oferecer, dar (vt)	to give (vt)	[tə gɪv]
receber presentes	to receive gifts	[tə rɪ'siːv gɪfts]
buquê (m) de flores	bouquet	[bʊ'keɪ]
felicitações (f pl)	congratulations	[kənˌgrætʃʊ'leɪʃənz]
felicitar (vt)	to congratulate (vt)	[tə kən'grætʃʊleɪt]
cartão (m) de parabéns	greeting card	['griːtɪŋ kɑːd]

| enviar um cartão postal | to send a postcard | [tə ˌsend ə ˈpəʊstkɑːd] |
| receber um cartão postal | to get a postcard | [tə get ə ˈpəʊstkɑːd] |

brinde (m)	toast	[təʊst]
oferecer (vt)	to offer (vt)	[tə ˈɒfə(r)]
champanhe (m)	champagne	[ˌʃæmˈpeɪn]

divertir-se (vr)	to enjoy oneself	[tə ɪnˈdʒɔɪ wʌnˈself]
diversão (f)	merriment, gaiety	[ˈmerɪmənt], [ˈɡeɪətɪ]
alegria (f)	joy	[dʒɔɪ]

| dança (f) | dance | [dɑːns] |
| dançar (vi) | to dance (vi, vt) | [tə dɑːns] |

| valsa (f) | waltz | [wɔːls] |
| tango (m) | tango | [ˈtæŋɡəʊ] |

153. Funerais. Enterro

cemitério (m)	cemetery	[ˈsemɪtrɪ]
sepultura (f), túmulo (m)	grave, tomb	[ɡreɪv], [tuːm]
lápide (f)	gravestone	[ˈɡreɪvstəʊn]
cerca (f)	fence	[fens]
capela (f)	chapel	[ˈtʃæpəl]

morte (f)	death	[deθ]
morrer (vi)	to die (vi)	[tə daɪ]
defunto (m)	the deceased	[ðə dɪˈsiːst]
luto (m)	mourning	[ˈmɔːnɪŋ]

enterrar, sepultar (vt)	to bury (vt)	[tə ˈberɪ]
funerária (f)	funeral home	[ˈfjuːnərəl həʊm]
funeral (m)	funeral	[ˈfjuːnərəl]

coroa (f) de flores	wreath	[riːθ]
caixão (m)	casket	[ˈkɑːskɪt]
carro (m) funerário	hearse	[hɜːs]
mortalha (f)	shroud	[ʃraʊd]

procissão (f) funerária	funeral procession	[ˈfjuːnərəl prəˈseʃən]
urna (f) funerária	funerary urn	[ˈfjuːnərərɪ ˌɜːn]
crematório (m)	crematory	[ˈkreməˌtəʊrɪ]

obituário (m), necrologia (f)	obituary	[əˈbɪtʃʊərɪ]
chorar (vi)	to cry (vi)	[tə kraɪ]
soluçar (vi)	to sob (vi)	[tə sɒb]

154. Guerra. Soldados

pelotão (m)	platoon	[pləˈtuːn]
companhia (f)	company	[ˈkʌmpənɪ]
regimento (m)	regiment	[ˈredʒɪmənt]

exército (m)	army	['ɑ:mɪ]
divisão (f)	division	[dɪ'vɪʒən]
esquadrão (m)	section, squad	['sekʃən], [skwɒd]
hoste (f)	host	[həʊst]
soldado (m)	soldier	['səʊldʒə(r)]
oficial (m)	officer	['ɒfɪsə(r)]
soldado (m) raso	private	['praɪvɪt]
sargento (m)	sergeant	['sɑ:dʒənt]
tenente (m)	lieutenant	[lu:'tenənt]
capitão (m)	captain	['kæptɪn]
major (m)	major	['meɪdʒə(r)]
coronel (m)	colonel	['kɜ:nəl]
general (m)	general	['dʒenərəl]
marujo (m)	sailor	['seɪlə(r)]
capitão (m)	captain	['kæptɪn]
contramestre (m)	boatswain	['bəʊsən]
artilheiro (m)	artilleryman	[ɑ:'tɪlərɪmən]
soldado (m) paraquedista	paratrooper	['pærətru:pə(r)]
piloto (m)	pilot	['paɪlət]
navegador (m)	navigator	['nævɪgeɪtə(r)]
mecânico (m)	mechanic	[mɪ'kænɪk]
sapador-mineiro (m)	pioneer	[ˌpaɪə'nɪə(r)]
paraquedista (m)	parachutist	['pærəʃu:tɪst]
explorador (m)	scout	[skaʊt]
atirador (m) de tocaia	sniper	['snaɪpə(r)]
patrulha (f)	patrol	[pə'trəʊl]
patrulhar (vt)	to patrol (vi, vt)	[tə pə'trəʊl]
sentinela (f)	sentry, guard	['sentrɪ], [gɑ:d]
guerreiro (m)	warrior	['wɒrɪə(r)]
patriota (m)	patriot	['peɪtrɪət]
herói (m)	hero	['hɪərəʊ]
heroína (f)	heroine	['herəʊɪn]
traidor (m)	traitor	['treɪtə(r)]
trair (vt)	to betray (vt)	[tə bɪ'treɪ]
desertor (m)	deserter	[dɪ'zɜ:tə(r)]
desertar (vt)	to desert (vi)	[tə dɪ'zɜ:t]
mercenário (m)	mercenary	['mɜ:sɪnərɪ]
recruta (m)	recruit	[rɪ'kru:t]
voluntário (m)	volunteer	[ˌvɒlən'tɪə(r)]
morto (m)	dead	[ded]
ferido (m)	wounded	['wu:ndɪd]
prisioneiro (m) de guerra	prisoner of war	['prɪzənə əv wɔ:]

155. Guerra. Ações militares. Parte 1

guerra (f)	war	[wɔ:(r)]
guerrear (vt)	to be at war	[tə bi ət wɔ:]
guerra (f) civil	civil war	['sɪvəl wɔ:]

perfidamente	treacherously	['tretʃərəslɪ]
declaração (f) de guerra	declaration of war	[ˌdeklə'reɪʃən əv wɔ:]
declarar guerra	to declare (vt)	[tə dɪ'kleə(r)]
agressão (f)	aggression	[ə'greʃən]
atacar (vt)	to attack (vt)	[tə ə'tæk]

invadir (vt)	to invade (vt)	[tu ɪn'veɪd]
invasor (m)	invader	[ɪn'veɪdə(r)]
conquistador (m)	conqueror	['kɒŋkərə(r)]

defesa (f)	defense	[dɪ'fens]
defender (vt)	to defend (vt)	[tə dɪ'fend]
defender-se (vr)	to defend (against ...)	[tə dɪ'fend]

inimigo (m)	enemy, hostile	['enɪmɪ], ['hɒstəl]
adversário (m)	adversary	['ædvəsərɪ]
inimigo (adj)	enemy	['enɪmɪ]

estratégia (f)	strategy	['strætɪdʒɪ]
tática (f)	tactics	['tæktɪks]

ordem (f)	order	['ɔ:də(r)]
comando (m)	command	[kə'mɑ:nd]
ordenar (vt)	to order (vt)	[tə 'ɔ:də(r)]
missão (f)	mission	['mɪʃən]
secreto (adj)	secret	['si:krɪt]

batalha (f)	battle	['bætəl]
combate (m)	combat	['kɒmbæt]

ataque (m)	attack	[ə'tæk]
assalto (m)	charge	[tʃɑ:dʒ]
assaltar (vt)	to storm (vt)	[tə stɔ:m]
assédio, sítio (m)	siege	[si:dʒ]

ofensiva (f)	offensive	[ə'fensɪv]
tomar à ofensiva	to go on the offensive	[tə gəʊ ɒn ðɪ ə'fensɪv]

retirada (f)	retreat	[rɪ'tri:t]
retirar-se (vr)	to retreat (vi)	[tə rɪ'tri:t]

cerco (m)	encirclement	[ɪn'sɜ:kəlmənt]
cercar (vt)	to encircle (vt)	[tə ɪn'sɜ:kəl]

bombardeio (m)	bombing	['bɒmɪŋ]
lançar uma bomba	to drop a bomb	[tə drɒp ə bɒm]
bombardear (vt)	to bomb (vt)	[tə bɒm]
explosão (f)	explosion	[ɪk'spləʊʒən]
tiro (m)	shot	[ʃɒt]

| dar um tiro | to fire a shot | [tə ˌfaɪə ə ˈʃɒt] |
| tiroteio (m) | firing | [ˈfaɪərɪŋ] |

apontar para ...	to aim (vt)	[tə eɪm]
apontar (vt)	to point (vt)	[tə pɔɪnt]
acertar (vt)	to hit (vt)	[tə hɪt]

afundar (~ um navio, etc.)	to sink (vt)	[tə sɪŋk]
brecha (f)	hole	[həʊl]
afundar-se (vr)	to founder, to sink (vi)	[tə ˈfaʊndə(r)], [tə sɪŋk]

frente (m)	front	[frʌnt]
evacuação (f)	evacuation	[ɪˌvækjʊˈeɪʃən]
evacuar (vt)	to evacuate (vt)	[tə ɪˈvækjʊeɪt]

trincheira (f)	trench	[trentʃ]
arame (m) enfarpado	barbwire	[ˈbɑːbˌwaɪə(r)]
barreira (f) anti-tanque	barrier	[ˈbærɪə(r)]
torre (f) de vigia	watchtower	[ˈwɒtʃˌtaʊə(r)]

hospital (m) militar	hospital	[ˈhɒspɪtəl]
ferir (vt)	to wound (vt)	[tə wuːnd]
ferida (f)	wound	[wuːnd]
ferido (m)	wounded	[ˈwuːndɪd]
ficar ferido	to be wounded	[tə bi ˈwuːndɪd]
grave (ferida ~)	serious	[ˈsɪərɪəs]

156. Armas

arma (f)	weapons	[ˈwepənz]
arma (f) de fogo	firearms	[ˈfaɪərɑːmz]
arma (f) branca	cold weapons	[ˌkəʊld ˈwepənz]

arma (f) química	chemical weapons	[ˈkemɪkəl ˈwepənz]
nuclear (adj)	nuclear	[ˈnjuːklɪə(r)]
arma (f) nuclear	nuclear weapons	[ˈnjuːklɪə ˈwepənz]

| bomba (f) | bomb | [bɒm] |
| bomba (f) atômica | atomic bomb | [əˈtɒmɪk bɒm] |

pistola (f)	pistol	[ˈpɪstəl]
rifle (m)	rifle	[ˈraɪfəl]
semi-automática (f)	submachine gun	[ˌsʌbməˈʃiːn gʌn]
metralhadora (f)	machine gun	[məˈʃiːn gʌn]

boca (f)	muzzle	[ˈmʌzəl]
cano (m)	barrel	[ˈbærəl]
calibre (m)	caliber	[ˈkælɪbə(r)]

gatilho (m)	trigger	[ˈtrɪgə(r)]
mira (f)	sight	[saɪt]
carregador (m)	magazine	[ˌmægəˈziːn]
coronha (f)	butt	[bʌt]
granada (f) de mão	hand grenade	[hænd grəˈneɪd]

explosivo (m)	explosive	[ɪk'spleʊsɪv]
bala (f)	bullet	['bʊlɪt]
cartucho (m)	cartridge	['kɑːtrɪdʒ]
carga (f)	charge	[tʃɑːdʒ]
munições (f pl)	ammunition	[ˌæmjʊ'nɪʃən]

bombardeiro (m)	bomber	['bɒmə(r)]
avião (m) de caça	fighter	['faɪtə(r)]
helicóptero (m)	helicopter	['helɪkɒptə(r)]

canhão (m) antiaéreo	anti-aircraft gun	['æntɪ 'eəkrɑːft gʌn]
tanque (m)	tank	[tæŋk]
canhão (de um tanque)	tank gun	['tæŋk ˌgʌn]

| artilharia (f) | artillery | [ɑː'tɪlərɪ] |
| canhão (m) | cannon | ['kænən] |

projétil (m)	shell	[ʃel]
granada (f) de morteiro	mortar bomb	['mɔːtə bɒm]
morteiro (m)	mortar	['mɔːtə(r)]
estilhaço (m)	splinter	['splɪntə(r)]

submarino (m)	submarine	[ˌsʌbmə'riːn]
torpedo (m)	torpedo	[tɔː'piːdəʊ]
míssil (m)	missile	['mɪsəl]

carregar (uma arma)	to load (vt)	[tə ləʊd]
disparar, atirar (vi)	to shoot (vi)	[tə ʃuːt]
apontar para ...	to take aim at ...	[tə teɪk eɪm ət]
baioneta (f)	bayonet	['beɪənɪt]

espada (f)	rapier	['reɪpjə(r)]
sabre (m)	saber	['seɪbə(r)]
lança (f)	spear	[spɪə(r)]
arco (m)	bow	[bəʊ]
flecha (f)	arrow	['ærəʊ]
mosquete (m)	musket	['mʌskɪt]
besta (f)	crossbow	['krɒsbəʊ]

157. Povos da antiguidade

primitivo (adj)	primitive	['prɪmɪtɪv]
pré-histórico (adj)	prehistoric	[ˌpriːhɪ'stɒrɪk]
antigo (adj)	ancient	['eɪnʃənt]

Idade (f) da Pedra	Stone Age	[ˌstəʊn 'eɪdʒ]
Idade (f) do Bronze	Bronze Age	['brɒnz ˌeɪdʒ]
Era (f) do Gelo	Ice Age	['aɪs ˌeɪdʒ]

tribo (f)	tribe	[traɪb]
canibal (m)	cannibal	['kænɪbəl]
caçador (m)	hunter	['hʌntə(r)]
caçar (vi)	to hunt (vi, vt)	[tə hʌnt]
mamute (m)	mammoth	['mæməθ]

caverna (f)	cave	[keɪv]
fogo (m)	fire	['faɪə(r)]
fogueira (f)	campfire	['kæmpˌfaɪə(r)]
pintura (f) rupestre	cave painting	[keɪv 'peɪntɪŋ]

ferramenta (f)	tool	[tuːl]
lança (f)	spear	[spɪə(r)]
machado (m) de pedra	stone ax	[stəʊn æks]
guerrear (vt)	to be at war	[tə bi ət wɔː]
domesticar (vt)	to domesticate (vt)	[tə də'mestɪkeɪt]

ídolo (m)	idol	['aɪdəl]
adorar, venerar (vt)	to worship (vt)	[tə 'wɜːʃɪp]
superstição (f)	superstition	[ˌsuːpə'stɪʃən]
ritual (m)	rite	[raɪt]

evolução (f)	evolution	[ˌiːvə'luːʃən]
desenvolvimento (m)	development	[dɪ'veləpmənt]
extinção (f)	disappearance	[ˌdɪsə'pɪərəns]
adaptar-se (vr)	to adapt oneself	[tə ə'dæpt wʌn'self]

arqueologia (f)	archeology	[ˌɑːkɪ'ɒlədʒɪ]
arqueólogo (m)	archeologist	[ˌɑːkɪ'ɒlədʒɪst]
arqueológico (adj)	archeological	[ˌɑːkɪə'lɒdʒɪkəl]

escavação (sítio)	excavation site	[ˌekskə'veɪʃən saɪt]
escavações (f pl)	excavations	[ˌekskə'veɪʃənz]
achado (m)	find	[faɪnd]
fragmento (m)	fragment	['frægmənt]

158. Idade média

povo (m)	people	['piːpəl]
povos (m pl)	peoples	['piːpəlz]
tribo (f)	tribe	[traɪb]
tribos (f pl)	tribes	[traɪbz]

bárbaros (pl)	barbarians	[bɑː'beərɪənz]
galeses (pl)	Gauls	[gɔːlz]
godos (pl)	Goths	[gɒθs]
eslavos (pl)	Slavs	[slɑːvz]
viquingues (pl)	Vikings	['vaɪkɪŋz]

| romanos (pl) | Romans | ['rəʊmənz] |
| romano (adj) | Roman | ['rəʊmən] |

bizantinos (pl)	Byzantines	['bɪzəntiːnz]
Bizâncio	Byzantium	[bɪ'zæntɪəm]
bizantino (adj)	Byzantine	['bɪzəntiːn]

imperador (m)	emperor	['empərə(r)]
líder (m)	leader, chief	['liːdə], [tʃiːf]
poderoso (adj)	powerful	['paʊəfʊl]
rei (m)	king	[kɪŋ]

governante (m)	ruler	['ru:lə(r)]
cavaleiro (m)	knight	[naɪt]
senhor feudal (m)	feudal lord	['fju:dəl lɔ:d]
feudal (adj)	feudal	['fju:dəl]
vassalo (m)	vassal	['væsəl]
duque (m)	duke	[du:k]
conde (m)	earl	[ɜ:l]
barão (m)	baron	['bærən]
bispo (m)	bishop	['bɪʃəp]
armadura (f)	armor	['ɑːmə(r)]
escudo (m)	shield	[ʃiːld]
espada (f)	sword	[sɔːd]
viseira (f)	visor	['vaɪzə(r)]
cota (f) de malha	chainmail	[ʧeɪn meɪl]
cruzada (f)	Crusade	[kru:'seɪd]
cruzado (m)	crusader	[kru:'seɪdə(r)]
território (m)	territory	['terətrɪ]
atacar (vt)	to attack (vt)	[tə ə'tæk]
conquistar (vt)	to conquer (vt)	[tə 'kɒŋkə(r)]
ocupar, invadir (vt)	to occupy (vt)	[tə 'ɒkjʊpaɪ]
assédio, sítio (m)	siege	[si:ʤ]
sitiado (adj)	besieged	[bɪ'si:ʤd]
assediar, sitiar (vt)	to besiege (vt)	[tə bɪ'si:ʤ]
inquisição (f)	inquisition	[ˌɪnkwɪ'zɪʃən]
inquisidor (m)	inquisitor	[ɪn'kwɪzɪtə(r)]
tortura (f)	torture	['tɔ:ʧə(r)]
cruel (adj)	cruel	[krʊəl]
herege (m)	heretic	['herətɪk]
heresia (f)	heresy	['herəsɪ]
navegação (f) marítima	seafaring	['si:ˌfeərɪŋ]
pirata (m)	pirate	['paɪrət]
pirataria (f)	piracy	['paɪrəsɪ]
abordagem (f)	boarding	['bɔ:dɪŋ]
presa (f), butim (m)	loot	[lu:t]
tesouros (m pl)	treasures	['treʒəz]
descobrimento (m)	discovery	[dɪ'skʌvərɪ]
descobrir (novas terras)	to discover (vt)	[tə dɪ'skʌvə(r)]
expedição (f)	expedition	[ˌekspɪ'dɪʃən]
mosqueteiro (m)	musketeer	[ˌmʌskɪ'tɪə(r)]
cardeal (m)	cardinal	['kɑːdɪnəl]
heráldica (f)	heraldry	['herəldrɪ]
heráldico (adj)	heraldic	[he'rældɪk]

159. Líder. Chefe. Autoridades

rei (m)	king	[kɪŋ]
rainha (f)	queen	[kwi:n]

real (adj)	royal	['rɔɪəl]
reino (m)	kingdom	['kɪŋdəm]
príncipe (m)	prince	[prɪns]
princesa (f)	princess	[prɪn'ses]
presidente (m)	president	['prezɪdənt]
vice-presidente (m)	vice-president	[vaɪs 'prezɪdənt]
senador (m)	senator	['senətə(r)]
monarca (m)	monarch	['mɒnək]
governante (m)	ruler	['ruːlə(r)]
ditador (m)	dictator	[dɪk'teɪtə(r)]
tirano (m)	tyrant	['taɪrənt]
magnata (m)	magnate	['mægneɪt]
diretor (m)	director	[dɪ'rektə(r)]
chefe (m)	chief	[ʧiːf]
gerente (m)	manager	['mænɪʤə(r)]
patrão (m)	boss	[bɒs]
dono (m)	owner	['əʊnə(r)]
líder (m)	leader	['liːdə(r)]
chefe (m)	head	[hed]
autoridades (f pl)	authorities	[ɔː'θɒrətɪz]
superiores (m pl)	superiors	[suː'pɪərɪərz]
governador (m)	governor	['gʌvənə(r)]
cônsul (m)	consul	['kɒnsəl]
diplomata (m)	diplomat	['dɪpləmæt]
Presidente (m) da Câmara	mayor	[meə(r)]
xerife (m)	sheriff	['ʃerɪf]
imperador (m)	emperor	['empərə(r)]
czar (m)	tsar	[zɑː(r)]
faraó (m)	pharaoh	['feərəʊ]
cã, khan (m)	khan	[kɑːn]

160. Violação da lei. Criminosos. Parte 1

bandido (m)	bandit	['bændɪt]
crime (m)	crime	[kraɪm]
criminoso (m)	criminal	['krɪmɪnəl]
ladrão (m)	thief	[θiːf]
roubar (vt)	to steal (vt)	[tə stiːl]
roubo (atividade)	stealing	['stiːlɪŋ]
furto (m)	theft	[θeft]
raptar, sequestrar (vt)	to kidnap (vt)	[tə 'kɪdnæp]
sequestro (m)	kidnapping	['kɪdnæpɪŋ]
sequestrador (m)	kidnapper	['kɪdnæpə(r)]
resgate (m)	ransom	['rænsəm]
pedir resgate	to demand ransom	[tə dɪ'mɑːnd 'rænsəm]

roubar (vt)	**to rob** (vt)	[tə rɒb]
assalto, roubo (m)	**robbery**	['rɒbərı]
assaltante (m)	**robber**	['rɒbə(r)]

extorquir (vt)	**to extort** (vt)	[tə ɪk'stɔːt]
extorsionário (m)	**extortionist**	[ɪk'stɔːʃənɪst]
extorsão (f)	**extortion**	[ɪk'stɔːʃən]

matar, assassinar (vt)	**to murder, to kill**	[tə 'mɜːdə(r)], [tə kɪl]
homicídio (m)	**murder**	['mɜːdə(r)]
homicida, assassino (m)	**murderer**	['mɜːdərə(r)]

tiro (m)	**gunshot**	['gʌnʃɒt]
dar um tiro	**to fire a shot**	[tə ˌfaɪə ə 'ʃɒt]
matar a tiro	**to shoot to death**	[tə ʃuːt tə deθ]
disparar, atirar (vi)	**to shoot** (vi)	[tə ʃuːt]
tiroteio (m)	**shooting**	['ʃuːtɪŋ]

incidente (m)	**incident**	['ɪnsɪdənt]
briga (~ de rua)	**fight, brawl**	[faɪt], [brɔːl]
Socorro!	**Help!**	[help]
vítima (f)	**victim**	['vɪktɪm]

danificar (vt)	**to damage** (vt)	[tə 'dæmɪdʒ]
dano (m)	**damage**	['dæmɪdʒ]
cadáver (m)	**dead body, corpse**	[ded 'bɒdɪ], [kɔːps]
grave (adj)	**grave**	[greɪv]

atacar (vt)	**to attack** (vt)	[tə ə'tæk]
bater (espancar)	**to beat** (vt)	[tə biːt]
espancar (vt)	**to beat ... up**	[tə biːt ... ʌp]
tirar, roubar (dinheiro)	**to take** (vt)	[tə teɪk]
esfaquear (vt)	**to stab to death**	[tə stæb tə deθ]

mutilar (vt)	**to maim** (vt)	[tə meɪm]
ferir (vt)	**to wound** (vt)	[tə wuːnd]

chantagem (f)	**blackmail**	['blækˌmeɪl]
chantagear (vt)	**to blackmail** (vt)	[tə 'blækˌmeɪl]
chantagista (m)	**blackmailer**	['blækˌmeɪlə(r)]

extorsão (f)	**protection racket**	[prə'tekʃən 'rækɪt]
extorsionário (m)	**racketeer**	[ˌrækə'tɪə(r)]

gângster (m)	**gangster**	['gæŋstə(r)]
máfia (f)	**mafia, Mob**	['mæfɪə], [mɒb]

punguista (m)	**pickpocket**	['pɪkˌpɒkɪt]
assaltante, ladrão (m)	**burglar**	['bɜːglə]

contrabando (m)	**smuggling**	['smʌglɪŋ]
contrabandista (m)	**smuggler**	['smʌglə(r)]

falsificação (f)	**forgery**	['fɔːdʒərɪ]
falsificar (vt)	**to forge** (vt)	[tə fɔːdʒ]
falsificado (adj)	**fake, forged**	[feɪk], [fɔːdʒd]

161. Violação da lei. Criminosos. Parte 2

estupro (m)	rape	[reɪp]
estuprar (vt)	to rape (vt)	[tə reɪp]
estuprador (m)	rapist	['reɪpɪst]
maníaco (m)	maniac	['meɪnɪæk]

prostituta (f)	prostitute	['prɒstɪtjuːt]
prostituição (f)	prostitution	[ˌprɒstɪ'tjuːʃən]
cafetão (m)	pimp	[pɪmp]

drogado (m)	drug addict	['drʌɡˌædɪkt]
traficante (m)	drug dealer	['drʌɡ ˌdiːlə(r)]

explodir (vt)	to blow up (vt)	[tə bləʊ ʌp]
explosão (f)	explosion	[ɪk'spləʊʒən]
incendiar (vt)	to set fire	[tə set 'faɪə(r)]
incendiário (m)	arsonist	['ɑːsənɪst]

terrorismo (m)	terrorism	['terərɪzəm]
terrorista (m)	terrorist	['terərɪst]
refém (m)	hostage	['hɒstɪdʒ]

enganar (vt)	to swindle (vt)	[tə 'swɪndəl]
engano (m)	swindle, deception	['swɪndəl], [dɪ'sepʃən]
vigarista (m)	swindler	['swɪndlə(r)]

subornar (vt)	to bribe (vt)	[tə braɪb]
suborno (atividade)	bribery	['braɪbərɪ]
suborno (dinheiro)	bribe	[braɪb]

veneno (m)	poison	['pɔɪzən]
envenenar (vt)	to poison (vt)	[tə 'pɔɪzən]
envenenar-se (vr)	to poison oneself	[tə 'pɔɪzən wʌn'self]

suicídio (m)	suicide	['suːɪsaɪd]
suicida (m)	suicide	['suːɪsaɪd]

ameaçar (vt)	to threaten (vt)	[tə 'θretən]
ameaça (f)	threat	[θret]
atentar contra a vida de ...	to make an attempt	[tə meɪk ən ə'tempt]
atentado (m)	attempt	[ə'tempt]

roubar (um carro)	to steal (vt)	[tə stiːl]
sequestrar (um avião)	to hijack (vt)	[tə 'haɪdʒæk]

vingança (f)	revenge	[rɪ'vendʒ]
vingar (vt)	to avenge (vt)	[tə ə'vendʒ]

torturar (vt)	to torture (vt)	[tə 'tɔːtʃə(r)]
tortura (f)	torture	['tɔːtʃə(r)]
atormentar (vt)	to torment (vt)	[tə tɔː'ment]

pirata (m)	pirate	['paɪrət]
desordeiro (m)	hooligan	['huːlɪɡən]

armado (adj)	armed	[ɑːmd]
violência (f)	violence	['vaɪələns]
ilegal (adj)	illegal	[ɪ'liːgəl]

espionagem (f)	spying, espionage	['spaɪɪŋ], ['espɪəˌnɑːʒ]
espionar (vi)	to spy (vi)	[tə spaɪ]

162. Polícia. Lei. Parte 1

justiça (sistema de ~)	justice	['dʒʌstɪs]
tribunal (m)	court	[kɔːt]

juiz (m)	judge	[dʒʌdʒ]
jurados (m pl)	jurors	['dʒʊərəz]
tribunal (m) do júri	jury trial	['dʒʊərɪ 'traɪəl]
julgar (vt)	to judge (vt)	[tə dʒʌdʒ]

advogado (m)	lawyer, attorney	['lɔːjə(r)], [ə'tɜːnɪ]
réu (m)	defendant	[dɪ'fendənt]
banco (m) dos réus	dock	[dɒk]

acusação (f)	charge	[tʃɑːdʒ]
acusado (m)	accused	[ə'kjuːzd]

sentença (f)	sentence	['sentəns]
sentenciar (vt)	to sentence (vt)	[tə 'sentəns]

punir (vt)	to punish (vt)	[tə 'pʌnɪʃ]
punição (f)	punishment	['pʌnɪʃmənt]

multa (f)	fine	[faɪn]
prisão (f) perpétua	life imprisonment	[laɪf ɪm'prɪzənmənt]
pena (f) de morte	death penalty	['deθ ˌpenəltɪ]
cadeira (f) elétrica	electric chair	[ɪ'lektrɪk 'tʃeə(r)]
forca (f)	gallows	['gæləʊz]

executar (vt)	to execute (vt)	[tə 'eksɪkjuːt]
execução (f)	execution	[ˌeksɪ'kjuːʃən]

prisão (f)	prison, jail	['prɪzən], [dʒeɪl]
cela (f) de prisão	cell	[sel]

escolta (f)	escort	['eskɔːt]
guarda (m) prisional	prison guard	['prɪzən gɑːd]
preso, prisioneiro (m)	prisoner	['prɪzənə(r)]

algemas (f pl)	handcuffs	['hændkʌfs]
algemar (vt)	to handcuff (vt)	[tə 'hændkʌf]

fuga, evasão (f)	prison break	['prɪzən breɪk]
fugir (vi)	to break out (vi)	[tə breɪk 'aʊt]
desaparecer (vi)	to disappear (vi)	[tə ˌdɪsə'pɪə(r)]
soltar, libertar (vt)	to release (vt)	[tə rɪ'liːs]
anistia (f)	amnesty	['æmnəstɪ]

polícia (instituição)	police	[pə'li:s]
polícia (m)	police officer	[pə'li:s 'ɒfɪsə(r)]
delegacia (f) de polícia	police station	[pə'li:s 'steɪʃən]
cassetete (m)	billy club	['bɪlɪ klʌb]
megafone (m)	bullhorn	['bʊlhɔ:n]

carro (m) de patrulha	patrol car	[pə'trəʊl kɑ:(r)]
sirene (f)	siren	['saɪərən]
ligar a sirene	to turn on the siren	[tə tɜ:n ˌɒn ðə 'saɪərən]
toque (m) da sirene	siren call	['saɪərən kɔ:l]

cena (f) do crime	crime scene	[kraɪm si:n]
testemunha (f)	witness	['wɪtnɪs]
liberdade (f)	freedom	['fri:dəm]
cúmplice (m)	accomplice	[ə'kʌmplɪs]
traço (não deixar ~s)	trace	[treɪs]

163. Polícia. Lei. Parte 2

procura (f)	search	[sɜ:ʧ]
procurar (vt)	to look for ...	[tə lʊk fɔ:(r)]
suspeita (f)	suspicion	[sə'spɪʃən]
suspeito (adj)	suspicious	[sə'spɪʃəs]
parar (veículo, etc.)	to stop (vt)	[tə stɒp]
deter (fazer parar)	to detain (vt)	[tə dɪ'teɪn]

caso (~ criminal)	case	[keɪs]
investigação (f)	investigation	[ɪnˌvestɪ'geɪʃən]
detetive (m)	detective	[dɪ'tektɪv]
investigador (m)	investigator	[ɪn'vestɪˌgeɪtə(r)]
versão (f)	hypothesis	[haɪ'pɒθɪsɪs]

motivo (m)	motive	['məʊtɪv]
interrogatório (m)	interrogation	[ɪnˌterə'geɪʃən]
interrogar (vt)	to interrogate (vt)	[tə ɪn'terəgeɪt]
questionar (vt)	to question (vt)	[tə 'kwestʃən]
verificação (f)	check	[ʧek]

batida (f) policial	round-up	[raʊndʌp]
busca (f)	search	[sɜ:ʧ]
perseguição (f)	chase	[ʧeɪs]
perseguir (vt)	to pursue, to chase	[tə pə'sju:], [tə ʧeɪs]
seguir, rastrear (vt)	to track (vt)	[tə træk]

prisão (f)	arrest	[ə'rest]
prender (vt)	to arrest (vt)	[tə ə'rest]
pegar, capturar (vt)	to catch (vt)	[tə kæʧ]
captura (f)	capture	['kæpʧə(r)]

documento (m)	document	['dɒkjʊmənt]
prova (f)	proof	[pru:f]
provar (vt)	to prove (vt)	[tə pru:v]
pegada (f)	footprint	['fʊtprɪnt]
impressões (f pl) digitais	fingerprints	['fɪŋgəprɪnts]

prova (f)	piece of evidence	[piːs ɒf 'evɪdəns]
álibi (m)	alibi	['ælɪbaɪ]
inocente (adj)	innocent	['ɪnəsənt]
injustiça (f)	injustice	[ɪn'dʒʌstɪs]
injusto (adj)	unjust, unfair	[ʌn'dʒʌst], [ʌn'feə(r)]

criminal (adj)	criminal	['krɪmɪnəl]
confiscar (vt)	to confiscate (vt)	[tə 'kɒnfɪskeɪt]
droga (f)	drug	[drʌg]
arma (f)	weapon, gun	['wepən], [gʌn]
desarmar (vt)	to disarm (vt)	[tə dɪs'ɑːm]
ordenar (vt)	to order (vt)	[tə 'ɔːdə(r)]
desaparecer (vi)	to disappear (vi)	[tə ˌdɪsə'pɪə(r)]

lei (f)	law	[lɔː]
legal (adj)	legal, lawful	['liːgəl], ['lɔːfʊl]
ilegal (adj)	illegal, illicit	[ɪ'liːgəl], [ɪ'lɪsɪt]

| responsabilidade (f) | responsibility | [rɪˌspɒnsə'bɪlɪtɪ] |
| responsável (adj) | responsible | [rɪ'spɒnsəbəl] |

NATUREZA

A Terra. Parte 1

164. Espaço sideral

espaço, cosmo (m)	space	[speɪs]
espacial, cósmico (adj)	space	[speɪs]
espaço (m) cósmico	outer space	['aʊtə speɪs]
mundo (m)	world	[wɜːld]
universo (m)	universe	['juːnɪvɜːs]
galáxia (f)	galaxy	['gæləksɪ]
estrela (f)	star	[stɑː(r)]
constelação (f)	constellation	[ˌkɒnstə'leɪʃən]
planeta (m)	planet	['plænɪt]
satélite (m)	satellite	['sætəlaɪt]
meteorito (m)	meteorite	['miːtjəraɪt]
cometa (m)	comet	['kɒmɪt]
asteroide (m)	asteroid	['æstərɔɪd]
órbita (f)	orbit	['ɔːbɪt]
girar (vi)	to rotate (vi)	[tə rəʊ'teɪt]
atmosfera (f)	atmosphere	['ætməˌsfɪə(r)]
Sol (m)	the Sun	[ðə sʌn]
Sistema (m) Solar	solar system	['səʊlə 'sɪstəm]
eclipse (m) solar	solar eclipse	['səʊlə ɪ'klɪps]
Terra (f)	the Earth	[ðɪ ɜːθ]
Lua (f)	the Moon	[ðə muːn]
Marte (m)	Mars	[mɑːz]
Vênus (f)	Venus	['viːnəs]
Júpiter (m)	Jupiter	['dʒuːpɪtə(r)]
Saturno (m)	Saturn	['sætən]
Mercúrio (m)	Mercury	['mɜːkjʊrɪ]
Urano (m)	Uranus	['jʊərənəs]
Netuno (m)	Neptune	['neptjuːn]
Plutão (m)	Pluto	['pluːtəʊ]
Via Láctea (f)	Milky Way	['mɪlkɪ weɪ]
Ursa Maior (f)	Great Bear	[greɪt beə(r)]
Estrela Polar (f)	North Star	[nɔːθ stɑː(r)]
marciano (m)	Martian	['mɑːʃən]
extraterrestre (m)	extraterrestrial	[ˌekstrətə'restrɪəl]

alienígena (m)	alien	['eıljən]
disco (m) voador	flying saucer	['flaıŋ 'sɔːsə(r)]
espaçonave (f)	spaceship	['speısʃıp]
estação (f) orbital	space station	[speıs 'steıʃən]
lançamento (m)	blast-off	[blɑːst ɒf]
motor (m)	engine	['endʒın]
bocal (m)	nozzle	['nɒzəl]
combustível (m)	fuel	[fjʊəl]
cabine (f)	cockpit	['kɒkpıt]
antena (f)	antenna	[æn'tenə]
vigia (f)	porthole	['pɔːθəʊl]
bateria (f) solar	solar panel	['səʊlə 'pænəl]
traje (m) espacial	spacesuit	['speıssuːt]
imponderabilidade (f)	weightlessness	['weıtlısnıs]
oxigênio (m)	oxygen	['ɒksıdʒən]
acoplagem (f)	docking	['dɒkıŋ]
fazer uma acoplagem	to dock (vi, vt)	[tə dɒk]
observatório (m)	observatory	[əb'zɜːvətrı]
telescópio (m)	telescope	['telıskəʊp]
observar (vt)	to observe (vt)	[tə əb'zɜːv]
explorar (vt)	to explore (vt)	[tə ık'splɔː(r)]

165. A Terra

Terra (f)	the Earth	[ðı ɜːθ]
globo terrestre (Terra)	the globe	[ðı gləʊb]
planeta (m)	planet	['plænıt]
atmosfera (f)	atmosphere	['ætməˌsfıə(r)]
geografia (f)	geography	[dʒı'ɒgrəfı]
natureza (f)	nature	['neıtʃə(r)]
globo (mapa esférico)	globe	[gləʊb]
mapa (m)	map	[mæp]
atlas (m)	atlas	['ætləs]
Europa (f)	Europe	['jʊərəp]
Ásia (f)	Asia	['eıʒə]
África (f)	Africa	['æfrıkə]
Austrália (f)	Australia	[ɒ'streıljə]
América (f)	America	[ə'merıkə]
América (f) do Norte	North America	[nɔːθ ə'merıkə]
América (f) do Sul	South America	[saʊθ ə'merıkə]
Antártida (f)	Antarctica	[ænt'ɑːktıkə]
Ártico (m)	the Arctic	[ðə 'ɑrktık]

166. Pontos cardeais

norte (m)	north	[nɔːθ]
para norte	to the north	[tə ðə nɔːθ]
no norte	in the north	[ɪn ðə nɔːθ]
do norte (adj)	northern	['nɔːðən]
sul (m)	south	[sauθ]
para sul	to the south	[tə ðə sauθ]
no sul	in the south	[ɪn ðə sauθ]
do sul (adj)	southern	['sʌðən]
oeste, ocidente (m)	west	[west]
para oeste	to the west	[tə ðə west]
no oeste	in the west	[ɪn ðə west]
ocidental (adj)	western	['westən]
leste, oriente (m)	east	[iːst]
para leste	to the east	[tə ði iːst]
no leste	in the east	[ɪn ði iːst]
oriental (adj)	eastern	['iːstən]

167. Mar. Oceano

mar (m)	sea	[siː]
oceano (m)	ocean	['əuʃən]
golfo (m)	gulf	[gʌlf]
estreito (m)	straits	[streɪts]
terra (f) firme	land	[lænd]
continente (m)	continent	['kɒntɪnənt]
ilha (f)	island	['aɪlənd]
península (f)	peninsula	[pə'nɪnsjʊlə]
arquipélago (m)	archipelago	[ˌɑːkɪ'pelɪgəʊ]
baía (f)	bay	[beɪ]
porto (m)	harbor	['hɑːbə(r)]
lagoa (f)	lagoon	[lə'guːn]
cabo (m)	cape	[keɪp]
atol (m)	atoll	['ætɒl]
recife (m)	reef	[riːf]
coral (m)	coral	['kɒrəl]
recife (m) de coral	coral reef	['kɒrəl riːf]
profundo (adj)	deep	[diːp]
profundidade (f)	depth	[depθ]
abismo (m)	abyss	[ə'bɪs]
fossa (f) oceânica	trench	[trentʃ]
corrente (f)	current	['kʌrənt]
banhar (vt)	to surround (vt)	[tə sə'raund]
litoral (m)	shore	[ʃɔː(r)]

costa (f)	coast	[kəʊst]
maré (f) alta	flow	[fləʊ]
refluxo (m)	ebb	[eb]
restinga (f)	shoal	[ʃəʊl]
fundo (m)	bottom	['bɒtəm]
onda (f)	wave	[weɪv]
crista (f) da onda	crest	[krest]
espuma (f)	foam, spume	[fəʊm], [spju:m]
tempestade (f)	storm	[stɔ:m]
furacão (m)	hurricane	['hʌrɪkən]
tsunami (m)	tsunami	[tsu:'nɑ:mɪ]
calmaria (f)	calm	[kɑ:m]
calmo (adj)	quiet, calm	['kwaɪət], [kɑ:m]
polo (m)	pole	[pəʊl]
polar (adj)	polar	['pəʊlə(r)]
latitude (f)	latitude	['lætɪtju:d]
longitude (f)	longitude	['lɒndʒɪtju:d]
paralela (f)	parallel	['pærəlel]
equador (m)	equator	[ɪ'kweɪtə(r)]
céu (m)	sky	[skaɪ]
horizonte (m)	horizon	[hə'raɪzən]
ar (m)	air	[eə]
farol (m)	lighthouse	['laɪthaʊs]
mergulhar (vi)	to dive (vi)	[tə daɪv]
afundar-se (vr)	to sink (vi)	[tə sɪŋk]
tesouros (m pl)	treasures	['treʒəz]

168. Montanhas

montanha (f)	mountain	['maʊntɪn]
cordilheira (f)	mountain range	['maʊntɪn reɪndʒ]
serra (f)	mountain ridge	['maʊntɪn rɪdʒ]
cume (m)	summit, top	['sʌmɪt], [tɒp]
pico (m)	peak	[pi:k]
pé (m)	foot	[fʊt]
declive (m)	slope	[sləʊp]
vulcão (m)	volcano	[vɒl'kenəʊ]
vulcão (m) ativo	active volcano	['æktɪv vɒl'kenəʊ]
vulcão (m) extinto	dormant volcano	['dɔ:mənt vɒl'kenəʊ]
erupção (f)	eruption	[ɪ'rʌpʃən]
cratera (f)	crater	['kreɪtə(r)]
magma (m)	magma	['mægmə]
lava (f)	lava	['lɑ:və]
fundido (lava ~a)	molten	['məʊltən]
cânion, desfiladeiro (m)	canyon	['kænjən]

garganta (f)	gorge	[gɔːdʒ]
fenda (f)	crevice	['krevɪs]
precipício (m)	abyss	[ə'bɪs]

passo, colo (m)	pass, col	[pɑːs], [kɒl]
planalto (m)	plateau	['plætəʊ]
falésia (f)	cliff	[klɪf]
colina (f)	hill	[hɪl]

geleira (f)	glacier	['gleɪʃə(r)]
cachoeira (f)	waterfall	['wɔːtəfɔːl]
gêiser (m)	geyser	['gaɪzə(r)]
lago (m)	lake	[leɪk]

planície (f)	plain	[pleɪn]
paisagem (f)	landscape	['lændskeɪp]
eco (m)	echo	['ekəʊ]

alpinista (m)	alpinist	['ælpɪnɪst]
escalador (m)	rock climber	[rɒk 'klaɪmə(r)]
conquistar (vt)	conquer (vt)	['kɒŋkə(r)]
subida, escalada (f)	climb	[klaɪm]

169. Rios

rio (m)	river	['rɪvə(r)]
fonte, nascente (f)	spring	[sprɪŋ]
leito (m) de rio	riverbed	['rɪvəbed]
bacia (f)	basin	['beɪsən]
desaguar no ...	to flow into ...	[tə fləʊ 'ɪntʊ]

| afluente (m) | tributary | ['trɪbjʊtrɪ] |
| margem (do rio) | bank | [bæŋk] |

corrente (f)	current, stream	['kʌrənt], [striːm]
rio abaixo	downstream	['daʊnˌstriːm]
rio acima	upstream	[ˌʌp'striːm]

inundação (f)	inundation	[ˌɪnʌn'deɪʃən]
cheia (f)	flooding	['flʌdɪŋ]
transbordar (vi)	to overflow (vi)	[tə ˌəʊvə'fləʊ]
inundar (vt)	to flood (vt)	[tə flʌd]

| banco (m) de areia | shallow | ['ʃæləʊ] |
| corredeira (f) | rapids | ['ræpɪdz] |

barragem (f)	dam	[dæm]
canal (m)	canal	[kə'næl]
reservatório (m) de água	reservoir	['rezəvwɑː(r)]
eclusa (f)	sluice, lock	[sluːs], [lɒk]

corpo (m) de água	water body	['wɔːtə 'bɒdɪ]
pântano (m)	swamp	[swɒmp]
lamaçal (m)	bog, marsh	[bɒg], [mɑːʃ]

redemoinho (m)	whirlpool	['wɜ:lpu:l]
riacho (m)	stream	[stri:m]
potável (adj)	drinking	['drɪŋkɪŋ]
doce (água)	fresh	[freʃ]
gelo (m)	ice	[aɪs]
congelar-se (vr)	to freeze over	[tə fri:z 'əʊvə(r)]

170. Floresta

floresta (f), bosque (m)	forest, wood	['fɒrɪst], [wʊd]
florestal (adj)	forest	['fɒrɪst]
mata (f) fechada	thick forest	[θɪk 'fɒrɪst]
arvoredo (m)	grove	[grəʊv]
clareira (f)	clearing	['klɪərɪŋ]
matagal (m)	thicket	['θɪkɪt]
mato (m), caatinga (f)	scrubland	['skrʌblænd]
pequena trilha (f)	footpath	['fʊtpɑ:θ]
ravina (f)	gully	['gʌlɪ]
árvore (f)	tree	[tri:]
folha (f)	leaf	[li:f]
folhagem (f)	leaves	[li:vz]
queda (f) das folhas	fall of leaves	[fɔ:l əv li:vz]
cair (vi)	to fall (vi)	[tə fɔ:l]
topo (m)	top	[tɒp]
ramo (m)	branch	[brɑ:nʧ]
galho (m)	bough	[baʊ]
botão (m)	bud	[bʌd]
agulha (f)	needle	['ni:dəl]
pinha (f)	pine cone	[paɪn kəʊn]
buraco (m) de árvore	tree hollow	[tri: 'hɒləʊ]
ninho (m)	nest	[nest]
toca (f)	burrow, animal hole	['bʌrəʊ], ['ænɪməl həʊl]
tronco (m)	trunk	[trʌŋk]
raiz (f)	root	[ru:t]
casca (f) de árvore	bark	[bɑ:k]
musgo (m)	moss	[mɒs]
arrancar pela raiz	to uproot (vt)	[tə ˌʌp'ru:t]
cortar (vt)	to chop down	[tə ʧɒp daʊn]
desflorestar (vt)	to deforest (vt)	[tə ˌdi:'fɒrɪst]
toco, cepo (m)	tree stump	[tri: stʌmp]
fogueira (f)	campfire	['kæmpˌfaɪə(r)]
incêndio (m) florestal	forest fire	['fɒrɪst 'faɪə(r)]
apagar (vt)	to extinguish (vt)	[tə ɪk'stɪŋgwɪʃ]

guarda-parque (m)	forest ranger	['fɒrɪst 'reɪndʒə]
proteção (f)	protection	[prə'tekʃən]
proteger (a natureza)	to protect (vt)	[tə prə'tekt]
caçador (m) furtivo	poacher	['pəʊtʃə(r)]
armadilha (f)	steel trap	[stiːl træp]

| colher (cogumelos, bagas) | to gather, to pick (vt) | [tə 'gæðə(r)], [tə pɪk] |
| perder-se (vr) | to lose one's way | [tə luːz wʌnz weɪ] |

171. Recursos naturais

recursos (m pl) naturais	natural resources	['nætʃərəl rɪ'sɔːsɪz]
minerais (m pl)	minerals	['mɪnərəlz]
depósitos (m pl)	deposits	[dɪ'pɒzɪts]
jazida (f)	field	[fiːld]

extrair (vt)	to mine (vt)	[tə maɪn]
extração (f)	mining	['maɪnɪŋ]
minério (m)	ore	[ɔː(r)]
mina (f)	mine	[maɪn]
poço (m) de mina	shaft	[ʃɑːft]
mineiro (m)	miner	['maɪnə(r)]

| gás (m) | gas | [gæs] |
| gasoduto (m) | gas pipeline | [gæs 'paɪplaɪn] |

petróleo (m)	oil, petroleum	[ɔɪl], [pɪ'trəʊliəm]
oleoduto (m)	oil pipeline	[ɔɪl 'paɪplaɪn]
poço (m) de petróleo	oil well	[ɔɪl wel]
torre (f) petrolífera	derrick	['derɪk]
petroleiro (m)	tanker	['tæŋkə(r)]

areia (f)	sand	[sænd]
calcário (m)	limestone	['laɪmstəʊn]
cascalho (m)	gravel	['grævəl]
turfa (f)	peat	[piːt]
argila (f)	clay	[kleɪ]
carvão (m)	coal	[kəʊl]

ferro (m)	iron	['aɪrən]
ouro (m)	gold	[gəʊld]
prata (f)	silver	['sɪlvə(r)]
níquel (m)	nickel	['nɪkəl]
cobre (m)	copper	['kɒpə(r)]

zinco (m)	zinc	[zɪŋk]
manganês (m)	manganese	['mæŋgəniːz]
mercúrio (m)	mercury	['mɜːkjʊrɪ]
chumbo (m)	lead	[led]

mineral (m)	mineral	['mɪnərəl]
cristal (m)	crystal	['krɪstəl]
mármore (m)	marble	['mɑːbəl]
urânio (m)	uranium	[jʊ'reɪnjəm]

A Terra. Parte 2

172. Tempo

tempo (m)	weather	['weðə(r)]
previsão (f) do tempo	weather forecast	['weðə 'fɔ:kɑ:st]
temperatura (f)	temperature	['temprətʃə(r)]
termômetro (m)	thermometer	[θə'mɒmɪtə(r)]
barômetro (m)	barometer	[bə'rɒmɪtə(r)]
úmido (adj)	humid	['hju:mɪd]
umidade (f)	humidity	[hju:'mɪdətɪ]
calor (m)	heat	[hi:t]
tórrido (adj)	hot, torrid	[hɒt], ['tɒrɪd]
está muito calor	it's hot	[ɪts hɒt]
está calor	it's warm	[ɪts wɔ:m]
quente (morno)	warm	[wɔ:m]
está frio	it's cold	[ɪts kəʊld]
frio (adj)	cold	[kəʊld]
sol (m)	sun	[sʌn]
brilhar (vi)	to shine (vi)	[tə ʃaɪn]
de sol, ensolarado	sunny	['sʌnɪ]
nascer (vi)	to come up (vi)	[tə kʌm ʌp]
pôr-se (vr)	to set (vi)	[tə set]
nuvem (f)	cloud	[klaʊd]
nublado (adj)	cloudy	['klaʊdɪ]
nuvem (f) preta	rain cloud	[reɪn klaʊd]
escuro, cinzento (adj)	somber	['sɒmbə(r)]
chuva (f)	rain	[reɪn]
está a chover	it's raining	[ɪts 'reɪnɪŋ]
chuvoso (adj)	rainy	['reɪnɪ]
chuviscar (vi)	to drizzle (vi)	[tə 'drɪzəl]
chuva (f) torrencial	pouring rain	['pɔ:rɪŋ reɪn]
aguaceiro (m)	downpour	['daʊnpɔ:(r)]
forte (chuva, etc.)	heavy	['hevɪ]
poça (f)	puddle	['pʌdəl]
molhar-se (vr)	to get wet	[tə get wet]
nevoeiro (m)	fog, mist	[fɒg], [mɪst]
de nevoeiro	foggy	['fɒgɪ]
neve (f)	snow	[snəʊ]
está nevando	it's snowing	[ɪts snəʊɪŋ]

173. Tempo extremo. Catástrofes naturais

trovoada (f)	thunderstorm	['θʌndəstɔ:m]
relâmpago (m)	lightning	['laɪtnɪŋ]
relampejar (vi)	to flash (vi)	[tə flæʃ]
trovão (m)	thunder	['θʌndə(r)]
trovejar (vi)	to thunder (vi)	[tə 'θʌndə(r)]
está trovejando	it's thundering	[ɪts 'θʌndərɪŋ]
granizo (m)	hail	[heɪl]
está caindo granizo	it's hailing	[ɪts heɪlɪŋ]
inundar (vt)	to flood (vt)	[tə flʌd]
inundação (f)	flood	[flʌd]
terremoto (m)	earthquake	['ɜ:θkweɪk]
abalo, tremor (m)	tremor, shock	['tremə(r)], [ʃɒk]
epicentro (m)	epicenter	['epɪsentə(r)]
erupção (f)	eruption	[ɪ'rʌpʃən]
lava (f)	lava	['lɑ:və]
tornado (m)	twister	['twɪstə(r)]
tornado (m)	tornado	[tɔ:'neɪdəʊ]
tufão (m)	typhoon	[taɪ'fu:n]
furacão (m)	hurricane	['hʌrɪkən]
tempestade (f)	storm	[stɔ:m]
tsunami (m)	tsunami	[tsu:'nɑ:mɪ]
ciclone (m)	cyclone	['saɪkləʊn]
mau tempo (m)	bad weather	[bæd 'weðə(r)]
incêndio (m)	fire	['faɪə(r)]
catástrofe (f)	disaster	[dɪ'zɑ:stə(r)]
meteorito (m)	meteorite	['mi:tjəraɪt]
avalanche (f)	avalanche	['ævəlɑ:nʃ]
deslizamento (m) de neve	snowslide	['snəʊslaɪd]
nevasca (f)	blizzard	['blɪzəd]
tempestade (f) de neve	snowstorm	['snəʊstɔ:m]

Fauna

174. Mamíferos. Predadores

predador (m)	predator	['predətə(r)]
tigre (m)	tiger	['taɪgə(r)]
leão (m)	lion	['laɪən]
lobo (m)	wolf	[wʊlf]
raposa (f)	fox	[fɒks]
jaguar (m)	jaguar	['dʒægjʊə(r)]
leopardo (m)	leopard	['lepəd]
chita (f)	cheetah	['tʃi:tə]
pantera (f)	black panther	[blæk 'pænθə(r)]
puma (m)	puma	['pju:mə]
leopardo-das-neves (m)	snow leopard	[snəʊ 'lepəd]
lince (m)	lynx	[lɪnks]
coiote (m)	coyote	[kɔɪˈəʊtɪ]
chacal (m)	jackal	['dʒækəl]
hiena (f)	hyena	[haɪˈi:nə]

175. Animais selvagens

animal (m)	animal	['ænɪməl]
besta (f)	beast	[bi:st]
esquilo (m)	squirrel	['skwɜ:rəl]
ouriço (m)	hedgehog	['hedʒhɒg]
lebre (f)	hare	[heə(r)]
coelho (m)	rabbit	['ræbɪt]
texugo (m)	badger	['bædʒə(r)]
guaxinim (m)	raccoon	[rəˈku:n]
hamster (m)	hamster	['hæmstə(r)]
marmota (f)	marmot	['mɑ:mət]
toupeira (f)	mole	[məʊl]
rato (m)	mouse	[maʊs]
ratazana (f)	rat	[ræt]
morcego (m)	bat	[bæt]
arminho (m)	ermine	['ɜ:mɪn]
zibelina (f)	sable	['seɪbəl]
marta (f)	marten	['mɑ:tɪn]
doninha (f)	weasel	['wɪ:zəl]
visom (m)	mink	[mɪŋk]

| castor (m) | beaver | ['bi:və(r)] |
| lontra (f) | otter | ['ɒtə(r)] |

cavalo (m)	horse	[hɔ:s]
alce (m)	moose	[mu:s]
veado (m)	deer	[dɪə(r)]
camelo (m)	camel	['kæməl]

bisão (m)	bison	['baɪsən]
auroque (m)	wisent	['wi:zənt]
búfalo (m)	buffalo	['bʌfələʊ]

zebra (f)	zebra	['zi:brə]
antílope (m)	antelope	['æntɪləʊp]
corça (f)	roe deer	[rəʊ dɪə(r)]
gamo (m)	fallow deer	['fæləʊ dɪə(r)]
camurça (f)	chamois	['ʃæmwɑ:]
javali (m)	wild boar	[,waɪld 'bɔ:(r)]

baleia (f)	whale	[weɪl]
foca (f)	seal	[si:l]
morsa (f)	walrus	['wɔ:lrəs]
urso-marinho (m)	fur seal	['fɜ:ˌsi:l]
golfinho (m)	dolphin	['dɒlfɪn]

urso (m)	bear	[beə]
urso (m) polar	polar bear	['pəʊlə ˌbeə(r)]
panda (m)	panda	['pændə]

macaco (m)	monkey	['mʌŋkɪ]
chimpanzé (m)	chimpanzee	[ˌʧɪmpæn'zi:]
orangotango (m)	orangutan	[ɒ,ræŋu:'tæn]
gorila (m)	gorilla	[gə'rɪlə]
macaco (m)	macaque	[mə'kɑ:k]
gibão (m)	gibbon	['gɪbən]

elefante (m)	elephant	['elɪfənt]
rinoceronte (m)	rhinoceros	[raɪ'nɒsərəs]
girafa (f)	giraffe	[dʒɪ'rɑ:f]
hipopótamo (m)	hippopotamus	[,hɪpə'pɒtəməs]

| canguru (m) | kangaroo | [,kæŋgə'ru:] |
| coala (m) | koala | [kəʊ'ɑ:lə] |

mangusto (m)	mongoose	['mɒŋgu:s]
chinchila (f)	chinchilla	[,ʧɪn'ʧɪlə]
cangambá (f)	skunk	[skʌŋk]
porco-espinho (m)	porcupine	['pɔ:kjʊpaɪn]

176. Animais domésticos

gata (f)	cat	[kæt]
gato (m) macho	tomcat	['tɒmkæt]
cão (m)	dog	[dɒg]

cavalo (m)	horse	[hɔːs]
garanhão (m)	stallion	['stælɪən]
égua (f)	mare	[meə(r)]

vaca (f)	cow	[kaʊ]
touro (m)	bull	[bʊl]
boi (m)	ox	[ɒks]

ovelha (f)	sheep	[ʃiːp]
carneiro (m)	ram	[ræm]
cabra (f)	goat	[gəʊt]
bode (m)	he-goat	['hiː gəʊt]

| burro (m) | donkey | ['dɒŋkɪ] |
| mula (f) | mule | [mjuːl] |

porco (m)	pig, hog	[pɪg], [hɒg]
leitão (m)	piglet	['pɪglɪt]
coelho (m)	rabbit	['ræbɪt]

| galinha (f) | hen | [hen] |
| galo (m) | rooster | ['ruːstə(r)] |

pata (f), pato (m)	duck	[dʌk]
pato (m)	drake	[dreɪk]
ganso (m)	goose	[guːs]

| peru (m) | tom turkey, gobbler | [tɒm 'tɜːkɪ], ['gɒblə(r)] |
| perua (f) | turkey | ['tɜːkɪ] |

animais (m pl) domésticos	domestic animals	[də'mestɪk 'ænɪməlz]
domesticado (adj)	tame	[teɪm]
domesticar (vt)	to tame (vt)	[tə teɪm]
criar (vt)	to breed (vt)	[tə briːd]

fazenda (f)	farm	[fɑːm]
aves (f pl) domésticas	poultry	['pəʊltrɪ]
gado (m)	cattle	['kætəl]
rebanho (m), manada (f)	herd	[hɜːd]

estábulo (m)	stable	['steɪbəl]
chiqueiro (m)	pigpen	['pɪgpen]
estábulo (m)	cowshed	['kaʊʃed]
coelheira (f)	rabbit hutch	['ræbɪt ˌhʌtʃ]
galinheiro (m)	hen house	['henˌhaʊs]

177. Cães. Raças de cães

cão (m)	dog	[dɒg]
cão pastor (m)	sheepdog	['ʃiːpdɒg]
pastor-alemão (m)	German shepherd	['dʒɜːmən 'ʃepəd]
poodle (m)	poodle	['puːdəl]
linguicinha (m)	dachshund	['dækshʊnd]
buldogue (m)	bulldog	['bʊldɒg]

boxer (m)	boxer	['bɒksə(r)]
mastim (m)	mastiff	['mæstɪf]
rottweiler (m)	Rottweiler	['rɒtˌvaɪlə(r)]
dóberman (m)	Doberman	['dəʊbəmən]
basset (m)	basset	['bæsɪt]
pastor inglês (m)	bobtail	['bɒbteɪl]
dálmata (m)	Dalmatian	[dæl'meɪʃən]
cocker spaniel (m)	cocker spaniel	['kɒkə 'spænjəl]
terra-nova (m)	Newfoundland	['njuːfəndlənd]
são-bernardo (m)	Saint Bernard	[seɪnt 'bɜːnəd]
husky (m) siberiano	husky	['hʌskɪ]
Chow-chow (m)	Chow Chow	[ʧaʊ ʧaʊ]
spitz alemão (m)	spitz	[spɪts]
pug (m)	pug	[pʌg]

178. Sons produzidos pelos animais

latido (m)	barking	['bɑːkɪŋ]
latir (vi)	to bark (vi)	[tə bɑːk]
miar (vi)	to meow (vi)	[tə mi:'aʊ]
ronronar (vi)	to purr (vi)	[tə pɜː(r)]
mugir (vaca)	to moo (vi)	[tə muː]
bramir (touro)	to bellow (vi)	[tə 'beləʊ]
rosnar (vi)	to growl (vi)	[tə graʊl]
uivo (m)	howl	[haʊl]
uivar (vi)	to howl (vi)	[tə haʊl]
ganir (vi)	to whine (vi)	[tə waɪn]
balir (vi)	to bleat (vi)	[tə bliːt]
grunhir (vi)	to grunt (vi)	[tə grʌnt]
guinchar (vi)	to squeal (vi)	[tə skwiːl]
coaxar (sapo)	to croak (vi)	[tə krəʊk]
zumbir (inseto)	to buzz (vi)	[tə bʌz]
ziziar (vi)	to chirp (vi)	[tə ʧɜːp]

179. Pássaros

pássaro (m), ave (f)	bird	[bɜːd]
pombo (m)	pigeon	['pɪdʒɪn]
pardal (m)	sparrow	['spærəʊ]
chapim-real (m)	tit	[tɪt]
pega-rabuda (f)	magpie	['mægpaɪ]
corvo (m)	raven	['reɪvən]
gralha-cinzenta (f)	crow	[krəʊ]
gralha-de-nuca-cinzenta (f)	jackdaw	['dʒækdɔː]

gralha-calva (f)	rook	[rʊk]
pato (m)	duck	[dʌk]
ganso (m)	goose	[guːs]
faisão (m)	pheasant	['fezənt]

águia (f)	eagle	['iːgəl]
açor (m)	hawk	[hɔːk]
falcão (m)	falcon	['fɔːlkən]

abutre (m)	vulture	['vʌltʃə]
condor (m)	condor	['kɒndɔː(r)]

cisne (m)	swan	[swɒn]
grou (m)	crane	[kreɪn]
cegonha (f)	stork	[stɔːk]

papagaio (m)	parrot	['pærət]
beija-flor (m)	hummingbird	['hʌmɪŋˌbɜːd]
pavão (m)	peacock	['piːkɒk]

avestruz (m)	ostrich	['ɒstrɪtʃ]
garça (f)	heron	['herən]

flamingo (m)	flamingo	[fləˈmɪŋgəʊ]
pelicano (m)	pelican	['pelɪkən]

rouxinol (m)	nightingale	['naɪtɪŋgeɪl]
andorinha (f)	swallow	['swɒləʊ]

tordo-zornal (m)	thrush	[θrʌʃ]
tordo-músico (m)	song thrush	[sɒŋ θrʌʃ]
melro-preto (m)	blackbird	['blækˌbɜːd]

andorinhão (m)	swift	[swɪft]
cotovia (f)	lark	[lɑːk]
codorna (f)	quail	[kweɪl]

pica-pau (m)	woodpecker	['wʊdˌpekə(r)]
cuco (m)	cuckoo	['kʊkuː]
coruja (f)	owl	[aʊl]
bufo-real (m)	eagle owl	['iːgəl aʊl]
tetraz-grande (m)	wood grouse	[wʊd graʊs]

tetraz-lira (m)	black grouse	[blæk graʊs]
perdiz-cinzenta (f)	partridge	['pɑːtrɪdʒ]

estorninho (m)	starling	['stɑːlɪŋ]
canário (m)	canary	[kəˈneərɪ]
galinha-do-mato (f)	hazel grouse	['heɪzəl graʊs]

tentilhão (m)	chaffinch	['tʃæfɪntʃ]
dom-fafe (m)	bullfinch	['bʊlfɪntʃ]

gaivota (f)	seagull	['siːgʌl]
albatroz (m)	albatross	['ælbətrɒs]
pinguim (m)	penguin	['peŋgwɪn]

180. Pássaros. Canto e sons

cantar (vi)	**to sing** (vi)	[tə sıŋ]
gritar, chamar (vi)	**to call** (vi)	[tə kɔːl]
cantar (o galo)	**to crow** (vi)	[tə krəʊ]
cocorocó (m)	**cock-a-doodle-doo**	[ˌkɒkəduːdəlˈduː]
cacarejar (vi)	**to cluck** (vi)	[tə klʌk]
crocitar (vi)	**to caw** (vi)	[tə kɔː]
grasnar (vi)	**to quack** (vi)	[tə kwæk]
piar (vi)	**to cheep** (vi)	[tə tʃiːp]
chilrear, gorjear (vi)	**to chirp, to twitter**	[tə tʃɜːp], [tə 'twɪtə(r)]

181. Peixes. Animais marinhos

brema (f)	**bream**	[briːm]
carpa (f)	**carp**	[kɑːp]
perca (f)	**perch**	[pɜːtʃ]
siluro (m)	**catfish**	['kætfɪʃ]
lúcio (m)	**pike**	[paɪk]
salmão (m)	**salmon**	['sæmən]
esturjão (m)	**sturgeon**	['stɜːdʒən]
arenque (m)	**herring**	['herɪŋ]
salmão (m) do Atlântico	**Atlantic salmon**	[ət'læntɪk 'sæmən]
cavala, sarda (f)	**mackerel**	['mækərəl]
solha (f), linguado (m)	**flatfish**	['flætfɪʃ]
lúcio perca (m)	**pike perch**	[paɪk pɜːtʃ]
bacalhau (m)	**cod**	[kɒd]
atum (m)	**tuna**	['tuːnə]
truta (f)	**trout**	[traʊt]
enguia (f)	**eel**	[iːl]
raia (f) elétrica	**electric ray**	[ɪ'lektrɪk reɪ]
moreia (f)	**moray eel**	['mɒreɪ iːl]
piranha (f)	**piranha**	[pɪ'rɑːnə]
tubarão (m)	**shark**	[ʃɑːk]
golfinho (m)	**dolphin**	['dɒlfɪn]
baleia (f)	**whale**	[weɪl]
caranguejo (m)	**crab**	[kræb]
água-viva (f)	**jellyfish**	['dʒelɪfɪʃ]
polvo (m)	**octopus**	['ɒktəpəs]
estrela-do-mar (f)	**starfish**	['stɑːfɪʃ]
ouriço-do-mar (m)	**sea urchin**	[siː 'ɜːtʃɪn]
cavalo-marinho (m)	**seahorse**	['siːhɔːs]
ostra (f)	**oyster**	['ɔɪstə(r)]
camarão (m)	**shrimp**	[ʃrɪmp]

lagosta (f)	**lobster**	['lɒbstə(r)]
lagosta (f)	**spiny lobster**	['spaɪnɪ 'lɒbstə(r)]

182. Anfíbios. Répteis

cobra (f)	**snake**	[sneɪk]
venenoso (adj)	**venomous**	['venəməs]

víbora (f)	**viper**	['vaɪpə(r)]
naja (f)	**cobra**	['kəʊbrə]
píton (m)	**python**	['paɪθən]
jiboia (f)	**boa**	['bəʊə]

cobra-de-água (f)	**grass snake**	['grɑːs,sneɪk]
cascavel (f)	**rattle snake**	['rætəl sneɪk]
anaconda (f)	**anaconda**	[ænə'kɒndə]

lagarto (m)	**lizard**	['lɪzəd]
iguana (f)	**iguana**	[ɪ'gwɑːnə]
varano (m)	**monitor lizard**	['mɒnɪtə 'lɪzəd]
salamandra (f)	**salamander**	['sælə,mændə(r)]
camaleão (m)	**chameleon**	[kə'miːlɪən]
escorpião (m)	**scorpion**	['skɔːpɪən]

tartaruga (f)	**turtle**	['tɜːtəl]
rã (f)	**frog**	[frɒg]
sapo (m)	**toad**	[təʊd]
crocodilo (m)	**crocodile**	['krɒkədaɪl]

183. Insetos

inseto (m)	**insect, bug**	['ɪnsekt], [bʌg]
borboleta (f)	**butterfly**	['bʌtəflaɪ]
formiga (f)	**ant**	[ænt]
mosca (f)	**fly**	[flaɪ]
mosquito (m)	**mosquito**	[mə'skiːtəʊ]
escaravelho (m)	**beetle**	['biːtəl]

vespa (f)	**wasp**	[wɒsp]
abelha (f)	**bee**	[biː]
mamangaba (f)	**bumblebee**	['bʌmbəlbiː]
moscardo (m)	**gadfly**	['gædflaɪ]

aranha (f)	**spider**	['spaɪdə(r)]
teia (f) de aranha	**spiderweb**	['spaɪdəweb]

libélula (f)	**dragonfly**	['drægənflaɪ]
gafanhoto (m)	**grasshopper**	['grɑːs,hɒpə(r)]
traça (f)	**moth**	[mɒθ]

barata (f)	**cockroach**	['kɒkrəʊʧ]
carrapato (m)	**tick**	[tɪk]

| pulga (f) | flea | [fliː] |
| borrachudo (m) | midge | [mɪdʒ] |

gafanhoto (m)	locust	['ləʊkəst]
caracol (m)	snail	[sneɪl]
grilo (m)	cricket	['krɪkɪt]
pirilampo, vaga-lume (m)	lightning bug	['laɪtnɪŋ bʌg]
joaninha (f)	ladybug	['leɪdɪbʌg]
besouro (m)	cockchafer	['kɒkˌtʃeɪfə(r)]

sanguessuga (f)	leech	[liːtʃ]
lagarta (f)	caterpillar	['kætəpɪlə(r)]
minhoca (f)	earthworm	['ɜːθwɜːm]
larva (f)	larva	['lɑːvə]

184. Animais. Partes do corpo

bico (m)	beak	[biːk]
asas (f pl)	wings	[wɪŋz]
pata (f)	foot	[fʊt]
plumagem (f)	feathers	['feðəz]
pena, pluma (f)	feather	['feðə(r)]
crista (f)	crest	[krest]

brânquias, guelras (f pl)	gills	[dʒɪls]
ovas (f pl)	spawn	[spɔːn]
larva (f)	larva	['lɑːvə]
barbatana (f)	fin	[fɪn]
escama (f)	scales	[skeɪlz]

presa (f)	fang	[fæŋ]
pata (f)	paw	[pɔː]
focinho (m)	muzzle	['mʌzəl]
boca (f)	maw	[mɔː]
cauda (f), rabo (m)	tail	[teɪl]
bigodes (m pl)	whiskers	['wɪskəz]

| casco (m) | hoof | [huːf] |
| corno (m) | horn | [hɔːn] |

carapaça (f)	carapace	['kærəpeɪs]
concha (f)	shell	[ʃel]
casca (f) de ovo	shell	[ʃel]

| pelo (m) | hair | [heə(r)] |
| pele (f), couro (m) | pelt | [pelt] |

185. Animais. Habitats

hábitat (m)	habitat	['hæbɪtæt]
migração (f)	migration	[maɪ'greɪʃən]
montanha (f)	mountain	['maʊntɪn]

| recife (m) | reef | [riːf] |
| falésia (f) | cliff | [klɪf] |

floresta (f)	forest	['fɒrɪst]
selva (f)	jungle	['dʒʌŋɡəl]
savana (f)	savanna	[sə'vænə]
tundra (f)	tundra	['tʌndrə]

estepe (f)	steppe	[step]
deserto (m)	desert	['dezət]
oásis (m)	oasis	[əʊ'eɪsɪs]

mar (m)	sea	[siː]
lago (m)	lake	[leɪk]
oceano (m)	ocean	['əʊʃən]

pântano (m)	swamp	[swɒmp]
de água doce	freshwater	['freʃˌwɔːtə(r)]
lagoa (f)	pond	[pɒnd]
rio (m)	river	['rɪvə(r)]

toca (f) do urso	den	[den]
ninho (m)	nest	[nest]
buraco (m) de árvore	tree hollow	[triː 'hɒləʊ]
toca (f)	burrow	['bʌrəʊ]
formigueiro (m)	anthill	['ænthɪl]

Flora

186. Árvores

árvore (f)	tree	[tri:]
decídua (adj)	deciduous	[dɪ'sɪdjʊəs]
conífera (adj)	coniferous	[kə'nɪfərəs]
perene (adj)	evergreen	['evəgri:n]
macieira (f)	apple tree	['æpəl ˌtri:]
pereira (f)	pear tree	['peə ˌtri:]
cerejeira (f)	sweet cherry tree	[swi:t 'ʧerɪ tri:]
ginjeira (f)	sour cherry tree	['saʊə 'ʧerɪ tri:]
ameixeira (f)	plum tree	['plʌm tri:]
bétula (f)	birch	[bɜ:ʧ]
carvalho (m)	oak	[əʊk]
tília (f)	linden tree	['lɪndən tri:]
choupo-tremedor (m)	aspen	['æspən]
bordo (m)	maple	['meɪpəl]
espruce (m)	spruce	[spru:s]
pinheiro (m)	pine	[paɪn]
alerce, lariço (m)	larch	[lɑ:ʧ]
abeto (m)	fir	[fɜ:(r)]
cedro (m)	cedar	['si:də(r)]
choupo, álamo (m)	poplar	['pɒplə(r)]
tramazeira (f)	rowan	['rəʊən]
salgueiro (m)	willow	['wɪləʊ]
amieiro (m)	alder	['ɔːldə(r)]
faia (f)	beech	[bi:ʧ]
ulmeiro, olmo (m)	elm	[elm]
freixo (m)	ash	[æʃ]
castanheiro (m)	chestnut	['ʧesnʌt]
magnólia (f)	magnolia	[mæg'nəʊlɪə]
palmeira (f)	palm tree	[pɑ:m tri:]
cipreste (m)	cypress	['saɪprəs]
mangue (m)	mangrove	['mæŋgrəʊv]
embondeiro, baobá (m)	baobab	['beɪəʊˌbæb]
eucalipto (m)	eucalyptus	[ˌju:kə'lɪptəs]
sequoia (f)	sequoia	[sɪ'kwɔɪə]

187. Arbustos

arbusto (m)	bush	[bʊʃ]
arbusto (m), moita (f)	shrub	[ʃrʌb]

| videira (f) | grapevine | ['greɪpvaɪn] |
| vinhedo (m) | vineyard | ['vɪnjəd] |

framboeseira (f)	raspberry bush	['rɑːzbərɪ bʊʃ]
groselheira-vermelha (f)	redcurrant bush	['redkʌrənt bʊʃ]
groselheira (f) espinhosa	gooseberry bush	['gʊzbərɪ ˌbʊʃ]

acácia (f)	acacia	[ə'keɪʃə]
bérberis (f)	barberry	['bɑːbərɪ]
jasmim (m)	jasmine	['dʒæzmɪn]

junípero (m)	juniper	['dʒuːnɪpə(r)]
roseira (f)	rosebush	['rəʊzbʊʃ]
roseira (f) brava	dog rose	['dɒg ˌrəʊz]

188. Cogumelos

cogumelo (m)	mushroom	['mʌʃrʊm]
cogumelo (m) comestível	edible mushroom	['edɪbəl 'mʌʃrʊm]
cogumelo (m) venenoso	poisonous mushroom	['pɔɪzənəs 'mʌʃrʊm]
chapéu (m)	cap	[kæp]
pé, caule (m)	stipe	[staɪp]

boleto, porcino (m)	cep	[sep]
boleto (m) alaranjado	orange-cap boletus	['ɒrɪndʒ kæp bə'liːtəs]
boleto (m) de bétula	birch bolete	[bɜːtʃ bə'liːtə]
cantarelo (m)	chanterelle	[ʃɒntə'rel]
rússula (f)	russula	['rʌsjʊlə]

morchella (f)	morel	[mə'rel]
agário-das-moscas (m)	fly agaric	[flaɪ 'ægərɪk]
cicuta (f) verde	death cap	['deθ ˌkæp]

189. Frutos. Bagas

fruta (f)	fruit	[fruːt]
frutas (f pl)	fruits	[fruːts]
maçã (f)	apple	['æpəl]
pera (f)	pear	[peə(r)]
ameixa (f)	plum	[plʌm]

morango (m)	strawberry	['strɔːbərɪ]
ginja (f)	sour cherry	['saʊə 'tʃerɪ]
cereja (f)	sweet cherry	[swiːt 'tʃerɪ]
uva (f)	grape	[greɪp]

framboesa (f)	raspberry	['rɑːzbərɪ]
groselha (f) negra	blackcurrant	[ˌblæk'kʌrənt]
groselha (f) vermelha	redcurrant	['redkʌrənt]
groselha (f) espinhosa	gooseberry	['gʊzbərɪ]
oxicoco (m)	cranberry	['krænbərɪ]
laranja (f)	orange	['ɒrɪndʒ]

tangerina (f)	mandarin	['mændərɪn]
abacaxi (m)	pineapple	['paɪnˌæpəl]
banana (f)	banana	[bə'nɑ:nə]
tâmara (f)	date	[deɪt]

limão (m)	lemon	['lemən]
damasco (m)	apricot	['eɪprɪkɒt]
pêssego (m)	peach	[pi:ʧ]
quiuí (m)	kiwi	['ki:wi:]
toranja (f)	grapefruit	['greɪpfru:t]

baga (f)	berry	['berɪ]
bagas (f pl)	berries	['berɪ:z]
arando (m) vermelho	cowberry	['kaʊberɪ]
morango-silvestre (m)	wild strawberry	['waɪld 'strɔ:berɪ]
mirtilo (m)	bilberry	['bɪlberɪ]

190. Flores. Plantas

flor (f)	flower	['flaʊə(r)]
buquê (m) de flores	bouquet	[bʊ'keɪ]

rosa (f)	rose	[rəʊz]
tulipa (f)	tulip	['tju:lɪp]
cravo (m)	carnation	[kɑ:'neɪʃən]
gladíolo (m)	gladiolus	[ˌglædɪ'əʊləs]

centáurea (f)	cornflower	['kɔ:nflaʊə(r)]
campainha (f)	harebell	['heəbel]
dente-de-leão (m)	dandelion	['dændɪlaɪən]
camomila (f)	camomile	['kæməmaɪl]

aloé (m)	aloe	['æləʊ]
cacto (m)	cactus	['kæktəs]
fícus (m)	rubber plant, ficus	['rʌbə plɑ:nt], ['faɪkəs]

lírio (m)	lily	['lɪlɪ]
gerânio (m)	geranium	[dʒɪ'reɪnjəm]
jacinto (m)	hyacinth	['haɪəsɪnθ]

mimosa (f)	mimosa	[mɪ'məʊzə]
narciso (m)	narcissus	[nɑ:'sɪsəs]
capuchinha (f)	nasturtium	[nəs'tɜ:ʃəm]

orquídea (f)	orchid	['ɔ:kɪd]
peônia (f)	peony	['pi:ənɪ]
violeta (f)	violet	['vaɪələt]

amor-perfeito (m)	pansy	['pænzɪ]
não-me-esqueças (m)	forget-me-not	[fə'get mi ˌnɒt]
margarida (f)	daisy	['deɪzɪ]

papoula (f)	poppy	['pɒpɪ]
cânhamo (m)	hemp	[hemp]

hortelã, menta (f)	mint	['mɪnt]
lírio-do-vale (m)	lily of the valley	['lɪlɪ əv ðə 'vælɪ]
campânula-branca (f)	snowdrop	['snəʊdrɒp]

urtiga (f)	nettle	['netəl]
azedinha (f)	sorrel	['sɒrəl]
nenúfar (m)	water lily	['wɔːtə 'lɪlɪ]
samambaia (f)	fern	[fɜːn]
líquen (m)	lichen	['laɪkən]

estufa (f)	conservatory	[kən'sɜːvətrɪ]
gramado (m)	lawn	[lɔːn]
canteiro (m) de flores	flowerbed	['flaʊəbed]

planta (f)	plant	[plɑːnt]
grama (f)	grass	[grɑːs]
folha (f) de grama	blade of grass	[bleɪd əv grɑːs]

folha (f)	leaf	[liːf]
pétala (f)	petal	['petəl]
talo (m)	stem	[stem]
tubérculo (m)	tuber	['tjuːbə(r)]

| broto, rebento (m) | young plant | [jʌŋ plɑːnt] |
| espinho (m) | thorn | [θɔːn] |

florescer (vi)	to blossom (vi)	[tə 'blɒsəm]
murchar (vi)	to fade (vi)	[tə feɪd]
cheiro (m)	smell	[smel]
cortar (flores)	to cut (vt)	[tə kʌt]
colher (uma flor)	to pick (vt)	[tə pɪk]

191. Cereais, grãos

grão (m)	grain	[greɪn]
cereais (plantas)	cereal crops	['sɪərɪəl krɒps]
espiga (f)	ear	[ɪə(r)]

trigo (m)	wheat	[wiːt]
centeio (m)	rye	[raɪ]
aveia (f)	oats	[əʊts]

| painço (m) | millet | ['mɪlɪt] |
| cevada (f) | barley | ['bɑːlɪ] |

milho (m)	corn	[kɔːn]
arroz (m)	rice	[raɪs]
trigo-sarraceno (m)	buckwheat	['bʌkwiːt]

ervilha (f)	pea	[piː]
feijão (m) roxo	kidney bean	['kɪdnɪ biːn]
soja (f)	soy	[sɔɪ]
lentilha (f)	lentil	['lentɪl]
feijão (m)	beans	[biːnz]

GEOGRAFIA REGIONAL

Países. Nacionalidades

192. Política. Governo. Parte 1

política (f)	politics	['pɒlətɪks]
político (adj)	political	[pə'lɪtɪkəl]
político (m)	politician	[ˌpɒlɪ'tɪʃən]
estado (m)	state	[steɪt]
cidadão (m)	citizen	['sɪtɪzən]
cidadania (f)	citizenship	['sɪtɪzənʃɪp]
brasão (m) de armas	national emblem	['næʃənəl 'embləm]
hino (m) nacional	national anthem	['næʃənəl 'ænθəm]
governo (m)	government	['gʌvənmənt]
Chefe (m) de Estado	head of state	[hed əv steɪt]
parlamento (m)	parliament	['pɑːləmənt]
partido (m)	party	['pɑːtɪ]
capitalismo (m)	capitalism	['kæpɪtəlɪzəm]
capitalista (adj)	capitalist	['kæpɪtəlɪst]
socialismo (m)	socialism	['səʊʃəlɪzəm]
socialista (adj)	socialist	['səʊʃəlɪst]
comunismo (m)	communism	['kɒmjʊnɪzəm]
comunista (adj)	communist	['kɒmjʊnɪst]
comunista (m)	communist	['kɒmjʊnɪst]
democracia (f)	democracy	[dɪ'mɒkrəsɪ]
democrata (m)	democrat	['deməkræt]
democrático (adj)	democratic	[ˌdemə'krætɪk]
Partido (m) Democrático	Democratic party	[ˌdemə'krætɪk 'pɑːtɪ]
liberal (m)	liberal	['lɪbərəl]
liberal (adj)	liberal	['lɪbərəl]
conservador (m)	conservative	[kən'sɜːvətɪv]
conservador (adj)	conservative	[kən'sɜːvətɪv]
república (f)	republic	[rɪ'pʌblɪk]
republicano (m)	republican	[rɪ'pʌblɪkən]
Partido (m) Republicano	Republican party	[rɪ'pʌblɪkən 'pɑːtɪ]
eleições (f pl)	elections	[ɪ'lekʃənz]
eleger (vt)	to elect (vt)	[tə ɪ'lekt]

| eleitor (m) | elector, voter | [ɪ'lektə(r)], ['vəʊtə(r)] |
| campanha (f) eleitoral | election campaign | [ɪ'lekʃən kæm'peɪn] |

votação (f)	voting	['vəʊtɪŋ]
votar (vi)	to vote (vi)	[tə vəʊt]
sufrágio (m)	right to vote	['raɪt tə ˌvəʊt]

candidato (m)	candidate	['kændɪdət]
candidatar-se (vi)	to run for ...	[tə rʌn fɔ:(r)]
campanha (f)	campaign	[kæm'peɪn]

| da oposição | opposition | [ˌɒpə'zɪʃən] |
| oposição (f) | opposition | [ˌɒpə'zɪʃən] |

visita (f)	visit	['vɪzɪt]
visita (f) oficial	official visit	[ə'fɪʃəl 'vɪzɪt]
internacional (adj)	international	[ˌɪntə'næʃənəl]

| negociações (f pl) | negotiations | [nɪˌɡəʊʃɪ'eɪʃənz] |
| negociar (vi) | to negotiate (vi) | [tə nɪ'ɡəʊʃɪeɪt] |

193. Política. Governo. Parte 2

sociedade (f)	society	[sə'saɪətɪ]
constituição (f)	constitution	[ˌkɒnstɪ'tjuːʃən]
poder (ir para o ~)	power	['paʊə(r)]
corrupção (f)	corruption	[kə'rʌpʃən]

| lei (f) | law | [lɔ:] |
| legal (adj) | legal | ['liːɡəl] |

| justeza (f) | justice | ['dʒʌstɪs] |
| justo (adj) | just, fair | [dʒʌst], [feə(r)] |

comitê (m)	committee	[kə'mɪtɪ]
projeto-lei (m)	bill	[bɪl]
orçamento (m)	budget	['bʌdʒɪt]
política (f)	policy	['pɒləsɪ]
reforma (f)	reform	[rɪ'fɔ:m]
radical (adj)	radical	['rædɪkəl]

força (f)	power	['paʊə(r)]
poderoso (adj)	powerful	['paʊəful]
partidário (m)	supporter	[sə'pɔ:tə(r)]
influência (f)	influence	['ɪnfluəns]

regime (m)	regime	[reɪ'ʒiːm]
conflito (m)	conflict	['kɒnflɪkt]
conspiração (f)	conspiracy	[kən'spɪrəsɪ]
provocação (f)	provocation	[ˌprɒvə'keɪʃən]

derrubar (vt)	to overthrow (vt)	[tə ˌəʊvə'θrəʊ]
derrube (m), queda (f)	overthrow	['əʊvəθrəʊ]
revolução (f)	revolution	[ˌrevə'luːʃən]

| golpe (m) de Estado | coup d'état | [ˌku: deɪ'ta:] |
| golpe (m) militar | military coup | ['mɪlɪtərɪ ku:] |

crise (f)	crisis	['kraɪsɪs]
recessão (f) econômica	economic recession	[ˌi:kə'nɒmɪk rɪ'seʃən]
manifestante (m)	demonstrator	['demənˌstreɪtə(r)]
manifestação (f)	demonstration	[ˌdemən'streɪʃən]
lei (f) marcial	martial law	['mɑ:ʃəl lɔ:]
base (f) militar	military base	['mɪlɪtərɪ beɪs]

| estabilidade (f) | stability | [stə'bɪlətɪ] |
| estável (adj) | stable | ['steɪbəl] |

| exploração (f) | exploitation | [ˌeksplɔɪ'teɪʃən] |
| explorar (vt) | to exploit (vt) | [tə ɪk'splɔɪt] |

racismo (m)	racism	['reɪsɪzəm]
racista (m)	racist	['reɪsɪst]
fascismo (m)	fascism	['fæʃɪzəm]
fascista (m)	fascist	['fæʃɪst]

194. Países. Diversos

estrangeiro (m)	foreigner	['fɒrənə(r)]
estrangeiro (adj)	foreign	['fɒrən]
no estrangeiro	abroad	[ə'brɔ:d]

emigrante (m)	emigrant	['emɪgrənt]
emigração (f)	emigration	[ˌemɪ'greɪʃən]
emigrar (vi)	to emigrate (vi)	[tə 'emɪgreɪt]

Ocidente (m)	the West	[ðə west]
Oriente (m)	the East	[ðɪ i:st]
Extremo Oriente (m)	the Far East	[ðə 'fa:ri:st]

civilização (f)	civilization	[ˌsɪvɪlaɪ'zeɪʃən]
humanidade (f)	humanity	[hju:'mænətɪ]
mundo (m)	the world	[ðɪ wɜ:ld]
paz (f)	peace	[pi:s]
mundial (adj)	worldwide	['wɜ:ldwaɪd]

pátria (f)	homeland	['həʊmlænd]
povo (população)	people	['pi:pəl]
população (f)	population	[ˌpɒpjʊ'leɪʃən]
gente (f)	people	['pi:pəl]
nação (f)	nation	['neɪʃən]
geração (f)	generation	[dʒenə'reɪʃən]

território (m)	territory	['terətrɪ]
região (f)	region	['ri:dʒən]
estado (m)	state	[steɪt]

| tradição (f) | tradition | [trə'dɪʃən] |
| costume (m) | custom | ['kʌstəm] |

ecologia (f)	ecology	[ɪˈkɒlədʒɪ]
índio (m)	Indian	[ˈɪndɪən]
cigano (m)	Gypsy	[ˈdʒɪpsɪ]
cigana (f)	Gypsy	[ˈdʒɪpsɪ]
cigano (adj)	Gypsy	[ˈdʒɪpsɪ]

império (m)	empire	[ˈempaɪə(r)]
colônia (f)	colony	[ˈkɒlənɪ]
escravidão (f)	slavery	[ˈsleɪvərɪ]
invasão (f)	invasion	[ɪnˈveɪʒən]
fome (f)	famine	[ˈfæmɪn]

195. Grupos religiosos mais importantes. Confissões

| religião (f) | religion | [rɪˈlɪdʒən] |
| religioso (adj) | religious | [rɪˈlɪdʒəs] |

crença (f)	belief	[bɪˈliːf]
crer (vt)	to believe (vi)	[tə bɪˈliːv]
crente (m)	believer	[bɪˈliːvə(r)]

| ateísmo (m) | atheism | [ˈeɪθɪɪzəm] |
| ateu (m) | atheist | [ˈeɪθɪɪst] |

cristianismo (m)	Christianity	[ˌkrɪstɪˈænətɪ]
cristão (m)	Christian	[ˈkrɪstʃən]
cristão (adj)	Christian	[ˈkrɪstʃən]

catolicismo (m)	Catholicism	[kəˈθɒlɪsɪzəm]
católico (m)	Catholic	[ˈkæθlɪk]
católico (adj)	Catholic	[ˈkæθlɪk]

protestantismo (m)	Protestantism	[ˈprɒtɪstənˌtɪzəm]
Igreja (f) Protestante	Protestant Church	[ˈprɒtɪstənt tʃɜːtʃ]
protestante (m)	Protestant	[ˈprɒtɪstənt]

ortodoxia (f)	Orthodoxy	[ˈɔːθədɒksɪ]
Igreja (f) Ortodoxa	Orthodox Church	[ˈɔːθədɒks tʃɜːtʃ]
ortodoxo (m)	Orthodox	[ˈɔːθədɒks]

presbiterianismo (m)	Presbyterianism	[ˌprezbɪˈtɪərɪənɪzəm]
Igreja (f) Presbiteriana	Presbyterian Church	[ˌprezbɪˈtɪərɪən tʃɜːtʃ]
presbiteriano (m)	Presbyterian	[ˌprezbɪˈtɪərɪən]

| luteranismo (m) | Lutheranism | [ˈluːθərənɪzəm] |
| luterano (m) | Lutheran | [ˈluːθərən] |

| Igreja (f) Batista | Baptist Church | [ˈbæptɪst tʃɜːtʃ] |
| batista (m) | Baptist | [ˈbæptɪst] |

Igreja (f) Anglicana	Anglican Church	[ˈæŋglɪkən tʃɜːtʃ]
anglicano (m)	Anglican	[ˈæŋglɪkən]
mormonismo (m)	Mormonism	[ˈmɔːmənɪzəm]
mórmon (m)	Mormon	[ˈmɔːmən]

| Judaísmo (m) | Judaism | ['dʒuːdeɪˌɪzəm] |
| judeu (m) | Jew | [dʒuː] |

| budismo (m) | Buddhism | ['budɪzəm] |
| budista (m) | Buddhist | ['budɪst] |

| hinduísmo (m) | Hinduism | ['hɪnduːɪzəm] |
| hindu (m) | Hindu | ['hɪnduː] |

Islã (m)	Islam	['ɪzlɑːm]
muçulmano (m)	Muslim	['muzlɪm]
muçulmano (adj)	Muslim	['muzlɪm]

| xiismo (m) | Shiah Islam | ['ʃiːə 'ɪzlɑːm] |
| xiita (m) | Shiite | ['ʃiːaɪt] |

| sunismo (m) | Sunni Islam | ['sʌnɪ 'ɪzlɑːm] |
| sunita (m) | Sunnite | ['sʌnaɪt] |

196. Religiões. Padres

| padre (m) | priest | [priːst] |
| Papa (m) | the Pope | [ðə pəup] |

monge (m)	monk, friar	[mʌŋk], ['fraɪə(r)]
freira (f)	nun	[nʌn]
pastor (m)	pastor	['pɑːstə(r)]

abade (m)	abbot	['æbət]
vigário (m)	vicar	['vɪkə(r)]
bispo (m)	bishop	['bɪʃəp]
cardeal (m)	cardinal	['kɑːdɪnəl]

pregador (m)	preacher	['priːtʃə(r)]
sermão (m)	preaching	['priːtʃɪŋ]
paroquianos (pl)	parishioners	[pə'rɪʃənəz]

| crente (m) | believer | [bɪ'liːvə(r)] |
| ateu (m) | atheist | ['eɪθɪɪst] |

197. Fé. Cristianismo. Islão

| Adão | Adam | ['ædəm] |
| Eva | Eve | [iːv] |

Deus (m)	God	[gɒd]
Senhor (m)	the Lord	[ðə lɔːd]
Todo Poderoso (m)	the Almighty	[ðɪ ɔːl'maɪtɪ]

pecado (m)	sin	[sɪn]
pecar (vi)	to sin (vi)	[tə sɪn]
pecador (m)	sinner	['sɪnə(r)]

pecadora (f)	sinner	['sɪnə(r)]
inferno (m)	hell	[hel]
paraíso (m)	paradise	['pærədaɪs]
Jesus	Jesus	['dʒi:zəs]
Jesus Cristo	Jesus Christ	['dʒi:zəs kraɪst]
Espírito (m) Santo	the Holy Spirit	[ðə 'həʊlɪ 'spɪrɪt]
Salvador (m)	the Savior	[ðə 'seɪvjə(r)]
Virgem Maria (f)	the Virgin Mary	[ðə 'vɜ:dʒɪn 'meərɪ]
Diabo (m)	the Devil	[ðə 'devəl]
diabólico (adj)	devil's	['devəlz]
Satanás (m)	Satan	['seɪtən]
satânico (adj)	satanic	[sə'tænɪk]
anjo (m)	angel	['eɪndʒəl]
anjo (m) da guarda	guardian angel	['gɑ:djən 'eɪndʒəl]
angelical	angelic	[æn'dʒelɪk]
apóstolo (m)	apostle	[ə'pɒsəl]
arcanjo (m)	archangel	['ɑ:kˌeɪndʒəl]
anticristo (m)	the Antichrist	[ði 'æntɪˌkraɪst]
Igreja (f)	Church	[tʃɜ:tʃ]
Bíblia (f)	Bible	['baɪbəl]
bíblico (adj)	biblical	['bɪblɪkəl]
Velho Testamento (m)	Old Testament	[əʊld 'testəmənt]
Novo Testamento (m)	New Testament	[nju: 'testəmənt]
Evangelho (m)	Gospel	['gɒspəl]
Sagradas Escrituras (f pl)	Holy Scripture	['həʊlɪ 'skrɪptʃə(r)]
Céu (sete céus)	Heaven	['hevən]
mandamento (m)	Commandment	[kə'mɑ:ndmənt]
profeta (m)	prophet	['prɒfɪt]
profecia (f)	prophecy	['prɒfɪsɪ]
Alá (m)	Allah	['ælə]
Maomé (m)	Mohammed	[mə'hæmɪd]
Alcorão (m)	the Koran	[ðə kə'rɑ:n]
mesquita (f)	mosque	[mɒsk]
mulá (m)	mullah	['mʌlə]
oração (f)	prayer	[preə(r)]
rezar, orar (vi)	to pray (vi, vt)	[tə preɪ]
peregrinação (f)	pilgrimage	['pɪlgrɪmɪdʒ]
peregrino (m)	pilgrim	['pɪlgrɪm]
Meca (f)	Mecca	['mekə]
igreja (f)	church	[tʃɜ:tʃ]
templo (m)	temple	['tempəl]
catedral (f)	cathedral	[kə'θi:drəl]
gótico (adj)	Gothic	['gɒθɪk]
sinagoga (f)	synagogue	['sɪnəgɒg]

mesquita (f)	**mosque**	[mɒsk]
capela (f)	**chapel**	['ʧæpəl]
abadia (f)	**abbey**	['æbɪ]
convento (m)	**convent**	['kɒnvənt]
monastério (m)	**monastery**	['mɒnəstərɪ]
sino (m)	**bell**	[bel]
campanário (m)	**bell tower**	[bel 'taʊə(r)]
repicar (vi)	**to ring** (vi)	[tə rɪŋ]
cruz (f)	**cross**	[krɒs]
cúpula (f)	**cupola**	['kju:pələ]
ícone (m)	**icon**	['aɪkɒn]
alma (f)	**soul**	[səʊl]
destino (m)	**fate**	[feɪt]
mal (m)	**evil**	['i:vəl]
bem (m)	**good**	[gʊd]
vampiro (m)	**vampire**	['væmpaɪə(r)]
bruxa (f)	**witch**	[wɪʧ]
demônio (m)	**demon**	['di:mən]
espírito (m)	**spirit**	['spɪrɪt]
redenção (f)	**redemption**	[rɪ'dempʃən]
redimir (vt)	**to redeem** (vt)	[tə rɪ'di:m]
missa (f)	**church service, mass**	[ʧɜ:ʧ 'sɜ:vɪs], [mæs]
celebrar a missa	**to say mass**	[tə seɪ mæs]
confissão (f)	**confession**	[kən'feʃən]
confessar-se (vr)	**to confess** (vi)	[tə kən'fes]
santo (m)	**saint**	[seɪnt]
sagrado (adj)	**sacred**	['seɪkrɪd]
água (f) benta	**holy water**	['həʊlɪ 'wɔ:tə(r)]
ritual (m)	**ritual**	['rɪʧʊəl]
ritual (adj)	**ritual**	['rɪʧʊəl]
sacrifício (m)	**sacrifice**	['sækrɪfaɪs]
superstição (f)	**superstition**	[ˌsu:pə'stɪʃən]
supersticioso (adj)	**superstitious**	[ˌsu:pə'stɪʃəs]
vida (f) após a morte	**afterlife**	['ɑ:ftəlaɪf]
vida (f) eterna	**eternal life**	[ɪ'tɜ:nəl laɪf]

TEMAS DIVERSOS

198. Várias palavras úteis

ajuda (f)	help	[help]
barreira (f)	barrier	['bærɪə(r)]
base (f)	base	[beɪs]
categoria (f)	category	['kætəgərɪ]
causa (f)	cause	[kɔ:z]
coincidência (f)	coincidence	[kəʊ'ɪnsɪdəns]
coisa (f)	thing	[θɪŋ]
começo, início (m)	beginning	[bɪ'gɪnɪŋ]
cômodo (ex. poltrona ~a)	comfortable	['kʌmfətəbəl]
comparação (f)	comparison	[kəm'pærɪsən]
compensação (f)	compensation	[ˌkɒmpen'seɪʃən]
crescimento (m)	growth	[grəʊθ]
desenvolvimento (m)	development	[dɪ'veləpmənt]
diferença (f)	difference	['dɪfrəns]
efeito (m)	effect	[ɪ'fekt]
elemento (m)	element	['elɪmənt]
equilíbrio (m)	balance	['bæləns]
erro (m)	mistake	[mɪ'steɪk]
esforço (m)	effort	['efət]
estilo (m)	style	[staɪl]
exemplo (m)	example	[ɪg'zɑ:mpəl]
fato (m)	fact	[fækt]
fim (m)	end	[end]
forma (f)	shape	[ʃeɪp]
frequente (adj)	frequent	['fri:kwənt]
fundo (ex. ~ verde)	background	['bækgraʊnd]
gênero (tipo)	kind	[kaɪnd]
grau (m)	degree	[dɪ'gri:]
ideal (m)	ideal	[aɪ'dɪəl]
labirinto (m)	labyrinth	['læbərɪnθ]
modo (m)	way	[weɪ]
momento (m)	moment	['məʊmənt]
objeto (m)	object	['ɒbdʒɪkt]
obstáculo (m)	obstacle	['ɒbstəkəl]
original (m)	original	[ɒ'rɪdʒɪnəl]
padrão (adj)	standard	['stændəd]
padrão (m)	standard	['stændəd]
paragem (pausa)	stop, pause	[stɒp], [pɔ:z]
parte (f)	part	[pɑ:t]

partícula (f)	particle	['pɑ:tɪkəl]
pausa (f)	pause	[pɔ:z]
posição (f)	position	[pə'zɪʃən]
princípio (m)	principle	['prɪnsɪpəl]

problema (m)	problem	['prɒbləm]
processo (m)	process	['prəuses]
progresso (m)	progress	['prəugres]
propriedade (qualidade)	property, quality	['prɒpəti], ['kwɒlɪti]

reação (f)	reaction	[rɪ'ækʃən]
risco (m)	risk	[rɪsk]
ritmo (m)	tempo, rate	['tempəu], [reit]
segredo (m)	secret	['si:krɪt]
série (f)	series	['sɪəri:z]

sistema (m)	system	['sɪstəm]
situação (f)	situation	[ˌsɪtju'eiʃən]
solução (f)	solution	[sə'lu:ʃən]
tabela (f)	table, chart	['teibəl], [ʧɑ:t]
termo (ex. ~ técnico)	term	[tɜ:m]

tipo (m)	type	[taɪp]
urgente (adj)	urgent	['ɜ:dʒənt]
urgentemente	urgently	['ɜ:dʒəntlɪ]
utilidade (f)	utility	[ju:'tɪləti]

variante (f)	variant	['veərɪənt]
variedade (f)	choice	[ʧɔɪs]
verdade (f)	truth	[tru:θ]
vez (f)	turn	[tɜ:n]
zona (f)	zone	[zəun]

www.ingramcontent.com/pod-product-compliance
Lightning Source LLC
Chambersburg PA
CBHW071342090426
42738CB00012B/2982